恋をする、とはどういうことか？

――ジェンダーから考える ことばと文学――

髙岡尚子 編

ひつじ書房

はじめに

　「ジェンダー」について、学校で勉強する。それは「男女差別」をなくすための課題を考えることだったり、「女性の社会進出」について理解を深めることだ、というような印象を持っているかもしれない。確かに、「ジェンダー」を考えることは、社会に現象としてあらわれる「男・女」という性の問題を徹底的に解体し、その成り立ちや意味合いを検討することだから、こうした事がらは重要な問題であり、じっくりと学ぶことには大きな意義があろう。
　一方で、「私は生まれてから一度も、自分が男か女かで損をしたこともないし、そんなこと真剣に考えることに意味は見出せない」と思うひともいるかもしれない。だが、本当にそうだろうか？
　「ジェンダー」の基礎について学び、考える授業に、「あなたと恋におちる時」というサブタイトルをつけたところ、受講学生の数が激増した、という事実がある。多くの学生が、このサブタイトルに惹かれて受講したいと考えたのであれば、

「ジェンダー」の問題に含まれる「恋」という要素に関心を抱き、それと私とは無縁ではない、と感じたためではないか。

そう、「恋」は他人との関係であり、「ジェンダー」の問題に大きく関わる。そして、「恋とジェンダー」を考えることは、「私とジェンダー」を考えることなのだ。

大げさに言えば、「恋」は「ジェンダー」という概念の根幹にあると言ってもよい。なぜなら、「恋」を「性」の問題を含む人間同士の関係と考えるなら、「性のあり方」を示す「ジェンダー」は最重要ファクターと位置づけられるからである。さらに、「恋」をしたなら告白して、「恋愛関係」になることもあろうし、「性行為」や「生殖」、また、「婚姻」といった事がらも視野に入ってこよう。これらの要素もまた、すべて「ジェンダー」に関わることで、そうであるならこの問題は、「私には関係がない」どころか、一生の間、私たちの生活を根底で支配しているとも言えるのだ。

また、「恋」は非常に定義のしにくい概念でもある。その感覚を説明しようとすると、ことばにするのは可能なのか。誰かに「恋」をするのに、理由はあるのだろうか。特定の誰かを好きになったとして、どうしてそのひとでなければならないのか、私たちに説明できるのだろうか。こうしていろいろと疑問を投げかけてみれば、「恋」が意外と広い地平を

持った概念であり、それを明確に示すことは、なかなか難しいということがわかる。

　いずれにしても、「恋」は「私」を中心として、ほかの誰か（何か）と関わることであろう。そのことは当然、相手に対する深い関心も引き起こすが、同時に、自己に対する、それまでには思いもしなかったような疑問や関心を、引き出してしまう可能性が高い。「恋におちてしまった」と感じた「私」は、「私」をつぶさに分析し始める。相手のことを考えて高揚する気持ちがあったとして、それを生み出している私の頭の中はどうなっているのか、それをどのように表現すべきなのか（したいのか）。あるいは、相手と恋人同士であることを公にする気持ちがあったとして、そのことが社会に与える影響はどうなのだろうと逡巡することだとか。

　このように、「恋」をキーワードにすると、「女」あるいは／同時に「男」という性と身体を持った「私」を深く問い直すきっかけが与えられる。そのことは恐らく、なべて「ジェンダー」の問題と関わっている。それが「ジェンダー」について論じる本書のタイトルとして、『恋をする、とはどういうことか？』を採用した大きな理由である。

　第一部では、「ジェンダー」というキーワードに包摂される広大な領域を見渡し、基礎的な事がらについて学ぶ。自分

の身の回りにあることを検証しながら考えることを目標とし、四つの章を設定している。四つの章の、さまざまな項目について考えをめぐらせながら、第五章「恋」と「恋愛」について考える──「恋をする」とはどういうことか──、へと到達する仕組みだ。ここにいたって、私たちの住む社会が「恋」についての認識をどのように構築しているか、また、そのことと自身の性の問題とがどのように見つめられているかを検証することになるだろう。

　本書は、「ジェンダー」に関する基礎的な概念について考えたり学んだりするのと同時に、その概念を用いて「言語と文化」を研究するとはどういうことかを提示することをも目的としている。第一部第六章は、その橋渡しの役割を担っており、ジェンダーで文学を考えるようになった歴史や、理論の展開、視点の持ち方などの例を示している。

　第二部では、「ジェンダー」と「恋」をキーワードとして文学作品や言語現象を考えるとどうなるかというモデルの提案を、四つのセクションに分けて展開している。

　まずは「主体」について。「ことば」を誰が語っているのかという「主体」の問題は、ジェンダーとは切っても切れない関係にある。「わたし」は誰かという自己認識には、男であるか、女であるかということが、常に、執拗に絡みついて

いる。そして、「恋する男」には、「恋する男」に求められる語り方があり、「恋する女」にもそれがあって、お互いにその作法にしたがってふるまい、語っているように見える。だが、この「わたし」が「ことば」を使って表現される場合、いかようにも装うことができるのも、また事実なのだ。「恋」を語る「わたし」のジェンダーが、どれほどの揺らぎを持って示されるかを、いくつかのテクストを通じて感じ取ってみることにしよう。

　ふたつ目は「類型への欲望」について。私たちは何ゆえにこれほどガツガツと、恋愛小説を消費しようとするのだろうか。同じような筋立て、同じような状況設定、同じような登場人物、同じような……、と、無限に続く「同じような」ディテールを、あくなき貪欲さを持って「読みたい」と熱望する。だが、すべてが「同じ」であるわけはなく、そこには微細な差異が潜り込んでいるはずで、何がどれほど違えば消費の欲望をあおり続けられるかは、興味深い問題であろう。ここでは恋愛小説やロマンス小説を、それとして成立させている要素と構造（レシピ）を解体し、小説の中で期待される出来事・人物・ふるまいなどを抽出している。

　三つ目は「語り直されるテクスト」について。ひとつのテクストには、それ自体の持つ独特の世界があって、時間も場

所も閉ざされて完結しているように見える。だが、多くのテクストは、いったんは閉じた後に、別のテクストへの語り直しを誘発する。そのテクストが、神話や伝説に近いものであればなおさら、時代や場所の垣根さえ越えて、何度も何度も語り直される。この「語り直し」の作業には、当然のことながら、オリジナルからの「ずらし」や「変更」が加えられることになる。ここでは、テクストの「語り直し」の際、ジェンダーのどこに「ゆがみ」が生じるのかについて検討してみよう。

　四つ目は「表象」の問題について。「表象」とは、何事（何もの）かが、何らかの姿を持って表れる（「再現」とか「代行」とか「代理」などとも言い換えられる）ことであるが、そこには、あるものが何らかの働きを得て現出するという、エネルギーの存在と運動とが感じ取られる。例えば絵画の中、例えばある種の習慣の中に、象徴的に示された「もの」や「こと」があるとすれば、それを表出させることになったエネルギー（心的であっても、身体的であってもかまわない）と表出させた運動があるに違いない。そのことに、「ジェンダー」が強く絡み付いていないか、絡み付いているとすれば、なぜ、どのようにか、と問うことが、ここでの関心事である。「もの」や「こと」が「表象」されるときにかかる、ジェンダー規範

の圧力について、深く掘り下げて考えてみよう。

　本書に稿を寄せているのはみな、奈良女子大学文学部言語文化学科の教員である。巻末の執筆者紹介が示す通り、研究の専門分野はバラバラだ。しかし、この本に取り組むにあたり、共通して持ち続けている心構えや意欲がいくつかある。
　そもそもこの本の発端は、学科で立ち上げた「ジェンダー言語文化学プロジェクト」である。ことばや文学、あるいは人間社会全般について突きつめて問い直すとき、「ジェンダー」抜きで考えようとすることは不可能だ。日本にふたつしかない国立の女子大であるからには、なおさらのこと。よって私たちはこころをこめて、この問題に取り組み始めた。
　「ジェンダー」という新たなものの見方を得て、これまでのことを問い直し、さらに自分の問題意識を掘り下げ、拡大していく手掛かりにしてほしい、というのが、執筆者一同の大きな願いである。本書において「　」の使用頻度が、ほかの書物に比べてとても高いように見えたとすれば、それはこのことが理由である。「新たなものの見方」を導入し、「これまで」を「問い直す」のであれば、多くの事がらをいったん既成の枠組みから解放し、「　」の中にくくり出さねばならない。女と「女」は、だから同じことを指してはいないことも

あるのだ。

　ジェンダーの基礎についてまずは学び、その後、文学やことばへと射程を広げていく本書の構成は、「概論」の授業に出た学生が、その後、「講義」や「演習」へと学習の内容を深化させていく道筋に似ている。したがって本書は、「ジェンダー」の基礎や言語、文学、各国文化についての授業のテキストとして使うことが可能であろう。ぜひ使っていただきたい。同時に、これを読むことで、文学作品を楽しむすべのいくつかを感じていただければと願っている。

　最後に、本書の企画段階から何度も相談に乗っていただき、編集を担当していただいた、ひつじ書房の板東詩おりさんと私たちの意図をくみ、イラストを描いてくださった山本翠さんに、執筆者一同、深くお礼を申し上げます。

　　　　　　　　　　　　著者を代表して　　髙岡尚子

目次

はじめに　　　　　　　　　　　　　　　　　　　　　　iii

第一部 「ジェンダー」について考える

第一章　性の違いとはどういうことか？　　　002

「ジェンダー」と「セックス」／男と女という分別／「男女」という分別の具体例／四つのカテゴリー／ふたつの性があるとして、だから？／「だから〜」の部分を切り離す／「変わらない」ものか、「作り上げられた」ものか

用語解説　1.ジェンダーという概念とことば　2.「セックスとジェンダー」をめぐって
文献案内

第二章　ジェンダーはどのように表れるか？　　　011

「セックス」はふたつか？／ヒトの性はどうやって決められるのか／性自認＝ジェンダー・アイデンティティ／性役割＝ジェンダー・ロール／ステレオタイプ／性別役割分業／ジェンダー・バイアスとジェンダー・バランス

用語解説　1.トランス・ジェンダー　2.ジェンダー・イデオロギー
文献案内

第三章　性差はどのように考えられてきたか？　　　021

「女らしい女」・「男らしい男」という要請／「外」と「内」、「生産」と「消費」の分別／男女の住み分け ── 「公的空間」と「私的空間」／「消費する」という行動とジェンダー／「人権宣言」と「女権宣言」／フェミニズム運動

用語解説　1.主婦をめぐる問題　2.階級
文献案内

第四章 「セクシュアリティ」にまつわる決まりごと　031

「女風呂」と「女遊び」／「性」ということばの持つふたつの側面／「女遊び」と「男遊び」／性規範のダブルスタンダード／「女社長」の持つニュアンス／「男色」と「女色」／性的指向／性のあり方の多様性

用語解説　1. 魔女狩りと魔女裁判　2. ポルノグラフィー
文献案内

第五章 「恋」と「恋愛」について考える　042
　　　　──「恋をする」とはどういうことか──

「恋」は定義できるのだろうか？／「恋」と「恋愛」は違うのか？／「恋愛」と「性的指向」／「クィア」というあり方／「恋愛」と「性的経験」／ロマンティック・ラヴ・イデオロギー／「恋愛」と「結婚」／次なる「関係性」の可能性とは？

用語解説　1. レズビアン連続体　2. サイボーグ
文献案内

第六章 フェミニズム・ジェンダー理論とその展開　056

フェミニズム批評　「文学」と女性｜「フェミニスト批評」と「ガイノ批評」｜「ガイネーシス批評」｜「女性」であること／「ジェンダー」理論の展開／「ことば」と「ジェンダー」／「ホモソーシャル理論」「ホモセクシュアル」と「ホモソーシャル」｜「男同士の絆」と「女」の立場／「ポストコロニアル理論」／「少女」・「少年」を考える　「少女」の文化｜「女」が書く・「女」が読む｜「少女文化」の研究｜「少年」を考えること

文献案内

第二部 「ジェンダー」を読む

ことばと主体

自分の恋を語り、書くことをめぐる闘争 　088

誰が恋をしているのか
――和歌・ことば・主体―― 　100

類型への欲望

「恋愛小説」は好きですか？ 　114

悪魔のようにハンサムな彼 　126

語り直されるテクストとジェンダー

美女と野獣、騎士と精霊 　144

誰に恋をするのか ―― 神話と生きる今 ―― 　163

表象されるジェンダー

中国の足をめぐるエロティシズムとフェミニズム 　178

おわりに、にかえて
ひとはなぜ愛にとらわれるか――恋愛という仕掛け―― 　196

索引 　204
執筆者紹介 　208

「ジェンダー」について考える

第一章

性の違いとは
どういうことか？

「ジェンダー」と「セックス」

　まず、「ジェンダー」ということばがどういう意味で、どういう概念なのかを考えてみよう。だが、ことはそれほど単純というわけでもない。ひとまず、どのような意味を含み得るかということを示しておくが、これが全てではないし、おそらく、これからも使われ方は微妙に変化していくはずである。なぜそういうことになるかというのは、これからじっくり検討していこう。

　ジェンダー gender は、もともと文法上の「性」という意味の英語だが、フェミニズム運動の中で、生物学上の性（セックス sex）とは区別される、社会的・文化的・歴史的・心理的な意味での性を表す語として、新たに概念規定されることとなった。簡単に図式化すると以下のようになる。

　　セックス sex：生物学的なあり方としての、オス・メスの分類のこと。人間は雌雄異体で生殖をするので、生殖機能の別として、解剖学的・生物学的・遺伝学的にふたつに分類される、という考え方。

　　ジェンダー gender：人間が、長い歴史の間に社会や文化によって作り上げた性のあり方のことで、それぞれの文化や社会、歴史の展開によって変化する。具体的には、性別や性自認、「男はこうあるべきだ」「女はこうあるべ

きだ」という性別規範、「男らしさ」「女らしさ」という固定概念のこと。こうした、社会的・文化的・歴史的・心理的な性のあり方をジェンダーと呼ぶ。

　この説明を読めばわかるように、ジェンダーは、社会的な性のあり方に関わることすべてを含みこんでいる。そのため、間違った使われ方をされることもあり、ことば自体が誤解されていることもまれではない。ここでは、そうした誤解に陥るのを防ぐため、「ジェンダー」という概念の持つ広い領域を見渡すことから始めよう。

男と女という分別

　とても基本的なところからスタートしよう。セックスにせよ、ジェンダーにせよ、根本には、人間はふたつの性のうちのどちらかに属しながら社会生活を営んでいるものだ、という意識が存在している。そのような、ふたつの性の分別を、実際に私たちはどのように考え、体験しているかを検証するために、次の問いかけに答えてみてほしい。

考える時間 1

1　あなたの身の回りにある、「男女」という分別が現れた事象を、思いつく限りあげてください。{例：女湯／男湯　など}

2　その事象を、いくつかのカテゴリーに分類してみてください。

3　どのような理由で分類したか、話し合ってみましょう。

「男女」という分別の具体例

　先ほどの問いかけに対する答えとして、いくつかの例をあげてみよう。

- トイレや更衣室
- 家事や育児は女性がするもの
- レディースデイ　・体格
- マンガや雑誌　・制服
- 子どものおもちゃ
- 力仕事は男性がするもの
- 妊娠や出産
- ことばづかいや書き方
- プロポーズは男性がするもの
- 恋愛の場面でのリード
- 草食男子と肉食女子

「ジェンダー」について考える　004

これは実際に行った授業で、学生から寄せられた回答の一部である。先ほどの作業の結果とその後の話し合いの内容を、このリストを見ながら再度検討してみてほしい。
　カテゴリーにも分類の方法にも、いろいろヴァリエーションはあってよいと思うが、ここでは次の四つの項目を基礎的なものとして提示しておく。

四つのカテゴリー

　ひとつ目は、「体格」や「妊娠や出産」のように、身体における男女の違いによって生じると考えられるものである。これらの項目は、セックスとしての性の分別と、比較的関係性の高いものであると言えるだろう。
　ふたつ目は、「トイレや更衣室」のように、使用者が自分をどちらの性に分類（または同化）するかによって決まる、いわゆる「性自認」に関わるものである。ただし、ある個人が自分を「女」だと考え「女子トイレ」を使ったとしても、周囲の人々がそのひとを「男」だとみなした場合、ことはもう少し複雑になるため、単なる「性自認」の問題とは言い切れない側面もある。
　三つ目は、「家事や育児は女性がするもの」や「力仕事は男性がするもの」といった「性別役割分業」や、「ことばづかいや話し方や書き方」など、「男らしさ・女らしさ」という性別によって異なる社会的期待に関するものである。「制服」や「子どものおもちゃ」などは、一見「性自認」の問題に感じられるかもしれないが、実際には個人に選択の権利はないので、どちらかといえば、このカテゴリーに属するものと考えてよいだろう。
　四つ目は「セクシュアリティ sexuality」に関するもので、「性欲」などがこれにあたる。「恋愛の場面でリード」すべき

は男性であり、こうした場面で女性が主導権を握るのは良くない、という考えがあるとすれば、それは「性規範」に関するものであるため、三つ目のカテゴリーに属すると同時に、このカテゴリーの問題であるとも言えるだろう。

> 「規範」とは何だろう？決まりごとのことだろうか？

ふたつの性があるとして、だから？

　ここで前提として、再度確認しておこう。

　私たちはこれまで、人間が男と女というふたつの性によって分けられることを前提にして考えてきており、今後もこの分別について詳しく検討することになる。というのは、それこそが、ジェンダーについて知り、その概念を使って、世の中の現象や文化的事象を考える方法を学ぶことだからだ。人間という生物には、雄雌という性があり、雌雄異体であるために、男女の間には、比べれば明らかと言えそうな差異があることも事実である。

　だが、このようなものが「ある」ということと、それが「あるのだから〜なのである」ということは、全く別の次元の話である。例えば、「男と女は違う。だから、男と女は別々の場所で生活しなければならない」と言われたら、どのように反応するだろうか。これは大変極端な例に聞こえるため、なんだバカバカしいと思うかもしれないが、もしかしたらそうでもないかもしれない。実は、このような言説は、世の中にたくさん存在し、この「だから〜」式の部分こそ、まさに「ジェンダー」という人間の作り上げてきたものである。つまり社会的なものであり、文化的なものであり、歴史的なもの、かつ心理的な意味での性のあり方だと言える。

「ジェンダー」について考える　　006

「だから〜」の部分を切り離す

　どうしてジェンダーという考え方が出てきたかと言えば、この「男と女がある」という単純な意味での性別と、「だから〜」という部分とが、あまりにも密着しており、まるで一体であるかのように扱われ続けていることを、徹底的に問題視するためであった。「だから〜」の部分を切り離して考え、丁寧に分析すれば、これまで人間がどのようにして社会や文化を作り上げてきたのかということの一端が、非常にクリアになる。

　私たちはこの世の中では、ほとんどすべてのことが、男女に分かれて存在していることを、直感的に知っている。先ほどの分別の例で言えば、「力仕事は男性がすべきもの」という、いわゆる「男らしい」性質カテゴリーがある一方で、「甘いものが好きである」といったいわゆる「女らしい」性質カテゴリーが存在し、私たちの生活態度を強く縛っている。だがこうした性質は本当に、男を決定づける生物的要因に書き込まれているのだろうか？　あるいは、女を決定づける生物的要因として書き込まれているのだろうか？　そんなことはないはずなのに、まるでそうであるように考えられているのはなぜなのか。これを解きほぐすのが、ジェンダーの視点を持ってものを考える、ということである。

「変わらない」ものか、「作り上げられた」ものか

　「ジェンダー」ということばが、現在使われているような意味で用いられ始めたのは、アメリカの第二波フェミニズム運動を受けた1970年代以降のことだが、それ以前に同じようなことを考え始めた「はしり」が、フランスの作家・思想家シモーヌ・ド・ボーヴォワール Simone de Beauvoir である。

彼女は、『第二の性 Le deuxième sexe』第二巻でこのように書いている。

「人は女に生まれるのではない、女になるのだ。」
（シモーヌ・ド・ボーヴォワール『第二の性』II, 第一部, 第一章冒頭）

ボーヴォワールは、女性が男性という性に対して不当に下位に位置づけられ、そのために強い抑圧と不利益を被ってきた歴史を明確にし、なぜそのような仕組みができあがってきたかを、詳細に分析している。ここで最も重要なのは、「女は生まれつき女だから、それを変えることはできない。だから、女は女らしく生きていくべきなのだ」という、あたかも自明であり、すべての前提であったような事態が、覆されているという点である。

私たちは確かに、「男」か「女」かどちらかとして社会の中で生きており、常にどちらの性に属しているかと問われている。また、どんな理論を用いても、「男」と「女」という違いが消滅することはない。だが、その性別に付随しているとされる性質や役割などは、その性であればもともと備わっており、「変わらない」もの（この考え方を「**本質主義**」と言う）なのではなく、求められ、学習することによって「作り上げられた」もの（この考え方を「本質主義」に対して「**構築主義**」と言う）だと考えれば、世の中に多く流布する「男」や「女」に関する言説には、何か仕掛けがあるのではないかと問いかけることが可能になる。

「ジェンダー」の視点で考えるとは、繰り返される言説により、あたかも自明であるかのように「**内面化**」された性別意識を問い直す行為にほかならない。以下の章では、「ジェンダー」の概念が含む性にまつわる事がらをいくつかの項目に分け、それがどのように社会に現れ、私たちの生活を規定しているかを見ていこう。

「女になる」とはどういうニュアンスの表現だろうか？「男になる」と比べてみよう。

あなたの中に「内面化」されてしまっている事象を、掘り起こしてみよう。

用語解説 ── さらに深く知りたいあなたへ ──

1. ジェンダーという概念とことば

現在使われている意味合いでの「ジェンダー」という概念は、どのように変化し、現在に至っているか。まず、アメリカの文化人類学者であるマーガレット・ミード Margaret Mead が、その著書 *Sex and Temperament: In Three Primitive Societies* (1935) において、「気質」と呼ばれているものは、生物的な性によって決まるのではなく、社会的に作られるものだ、という考えを示した。ここではまだ「ジェンダー」の語は使用されていない。この語を取り入れたのはアメリカの精神分析学者のロバート・ストーラー Robert Stoller で、彼は『性と性別 *Sex and Gender*』(1968) で、人間の性の現れ方を、明確に、セックスとジェンダーに分けている。「身体的な男・女の別」を「セックス」、「ジェンダー」を、個人が持っている心理的現象としての性とし、セックスとジェンダーは影響し合っているが、必ずしも一対一ではなく、かなり独立していると考えた。また、アメリカの心理学者・性医学者のジョン・マネー John Money は『性の署名 *Sexual Signatures*』(1975) において、人間は生まれてすぐにはジェンダー的に白紙の状態にあり、女・男という感覚(それを、マネーは「**性自認** gender identity」と「**性役割** gender role」と呼ぶ)は、生後身につけるものとする。この際マネーは、ジェンダー・アイデンティティが、男女どちらの性を持つかという自認で、それが現象としてあらわれたもの(行動や言動など)がジェンダー・ロールだと考えた。

2.「セックスとジェンダー」をめぐって

「セックス」を生物学的に所与のものととらえると、「セックス」と「ジェンダー」はまったく別のものだ、とも言うことも可能になる。だが、男女の別を決定する生物学的諸要素のあいまいさが明らかになるにつれ、「セックス」と「ジェンダー」の垣根はどんどん低くなってきた。これを決定的に覆したのが、ジュディス・バトラー Judith Butler が『ジェンダー・トラブル *Gender Trouble*』(1990) の中で行った「実際おそらくセックスは、つねにすでにジェンダーなのだ」という指摘だろう。これによって、私たちがあらゆる場面で性別を気にせず生きていくことができないこと、つまりは「セックス」による社会的分別こそが、作られた性差＝ジェンダーであるという視点を持つことが可能になったのである。バトラーはまた、ジェンダーを「行為(パフォーマンス)」であると規定してみせる。ジェンダーは固定された性的アイデンティティに端を発するものではなく、「様式的な反復行為」であると言うのだ。ここには、日々積み重ねられる行為が、私たちの性的ふるまい＝ジェンダーを作る、という発想の転換がある。

文献案内 —— さらに・さらに深く知りたいあなたへ ——

江原由美子編『ジェンダーの社会学』, 新曜社, 1989年
ジェンダー学会編『ジェンダー学を学ぶ人のために』, 世界思想社, 2000年
竹村和子『フェミニズム』, 岩波書店, 2000年
上野千鶴子編『構築主義とは何か』, 勁草書房, 2001年
瀬津山角『お笑いジェンダー論』, 勁草書房, 2001年
森永康子・神戸女学院大学ジェンダー研究会編『はじめてのジェンダー・スタディーズ』, 北大路書房, 2003年
加藤秀一『図解雑学　ジェンダー』, ナツメ社, 2005年
加藤秀一『ジェンダー入門』, 朝日新聞社, 2006年
小平麻衣子／氷見直子『書いて考えるジェンダー・スタディーズ』, 新水社, 2006年
井上輝子／上野千鶴子／江原由美子／天野正子／伊藤公雄／伊藤るり／大沢真理／加納実紀代編・斎藤美奈子編集協力　『新編　日本のフェミニズム』全12巻［1. リブとフェミニズム　2. フェミニズム理論　3. 性役割　4. 権力と労働　5. 母性　6. セクシュアリティ　7. 表現とメディア　8. ジェンダーと教育　9. グローバリゼーション　10. 女性史・ジェンダー史　11. フェミニズム文学批評　12. 男性学］, 岩波書店, 2009年
千田有紀『ヒューマニティーズ　女性学／男性学』, 岩波書店, 2009年
牟田和恵編『ジェンダー・スタディーズ』, 大阪大学出版会, 2009年
伊藤公雄／樹村みのり／國信潤子著『女性学・男性学——ジェンダー論入門』(改訂版), 有斐閣アルマ, 2011年

Simone de Beauvoir, *Le deuxième sexe*, Editions Gallimard, 1949 （シモーヌ・ド・ボーヴォワール『第二の性』,『第二の性』を原文で読み直す会訳, 新潮文庫, 2001年）

Robert Stoller, *Sex and Gender: On the Development of Masculinity and Femininity*, Science House, 1968 （ロバート・ストーラー『性と性別』, 桑畑勇吉訳, 岩崎学術出版社, 1973年）

John Money and Patricia Tucker, *Sexual Signatures: On Being a Man or a Woman*, Little Brown and Company, 1975 （ジョン・マネー／パトリシア・タッカー『性の署名』, 朝山新一ほか訳, 人文書院, 1979年）

Judith Butler, *Gender Trouble: Feminism and the Subversion of Identity*, Routledge, 1990 （ジュディス・バトラー『ジェンダー・トラブル』, 竹村和子訳, 青土社, 1999年）

Jane Pilcher and Imelda Whelehan, *Fifty Key Concepts in Gender Studies*, Sage Publications, 2004 （ジェイン・ピルチャー／イメルダ・ウィラハン『キーコンセプト　ジェンダー・スタディーズ』, 片山亜紀ほか訳, 新曜社, 2009年）

第二章

ジェンダーは
どのように表れるか？

　第一章で考えたとおり、社会的な男女の区別（＝ジェンダー）は、いくつかのカテゴリーに分けて考えることができる。この章では、身体的な性差（性別）、性自認、および性役割について詳細に検討してみよう。

「セックス」はふたつか？

　まずは、身体的な性差について考えてみよう。「セックス」は生物学的に自明のもので、社会的に規定されるジェンダーではないだろうと思うかもしれない。確かに、人間には性があり、その一番の差は性器であると考えられる。男性器を持っているのが「男」であり、女性器を持っているのが「女」とされる。
　しかし、性科学という分野では、性別が性器によってそれほどはっきりと分別できないことが明らかになってきている上、「男女」という違いを、遺伝子的にどの段階で決定するのが適当かといった問題については、研究が進めば進むほど、そのあいまいさと決定の難しさが増幅すると言ってよい。
　例えば、トマス・ラカー Thomas Laqueur というアメリカの歴史学者は、『セックスの発明 Making Sex: Body and Gender from the Greeks to Freud』の中で、ヒトの性器に関する認識の変化を調べ、男性性器・女性性器というふたつの異なる器官があると考えられるようになるのは、18世紀になってからの

> セックス（ここでは「性器」のこと）がひとつしかないとはどういうことだろう？

ことだと明らかにした。いわゆる「ワン・セックス・モデル」と呼ばれるこの考え方は、現在、私たちが絶対的とも思っている性器による男女の別という認識に、非常に大きなインパクトを与えた。なぜなら、ラカーはこの「発見」によって、性器による違いはむしろ副次的なものであって、社会的に現れる性差や性別のほうが重要で現実的な問題である、ということを明らかにしたからである。

[4コマ漫画]
1. ミミズA君 おはよー！／お！ミミズB君 おはよう！
2. あっ今日は女気分なので女でよろしく〜／あっそう
3. じゃあ 改めまして ミミズBちゃん おはよ〜！
4. とかミミズって話してるのかな／どっちでもいいんだ〜

ヒトの性はどうやって決められるのか

　こうした研究の成果もあって、「性」は単純に「ふたつ（男と女）」に分けられるものではなく、その間に無数のグラデーションがあるのだ、というようなことが言われるようになった。自身がインターセックスであることを公にしている橋本秀雄は、その著書『男でも女でもない性──インターセックス（半陰陽）を生きる』の中で、性を決定するものとして次のような要素をあげている。

1. 性染色体の構成　2. 性腺の構成　3. 内性器形態　4. 外性器形態
5. 誕生した際に医者が決定する性　6. 戸籍の性　7. 二次性徴
8. 性自認　9. 性的指向

これだけの要素について、それぞれ、どの程度どちらの性に属しているかを考える必要があると意識すれば、性別をふたつにはっきり分けることがどれほど困難なことであるかは、容易に想像ができるだろう。
　また、ここで重要なのは、これほど性別判断が困難であるにもかかわらず、私たちは必ずどちらの性別に属しているかを表明し、その分別に従って生きなければならないという社会の実態である。私たちは生まれたときに男か女を宣言され、そのどちらかの性に同化しながら生きることを求められる。外から求められる性別と、自らの認識する性に齟齬が生じる「性同一性障害」のひとたちが、社会生活において非常に大きな困難を背負い、苦悩するのは、このようにどちらかの性のあり方に従って生きなければならないという制約のためだと言えるだろう。

性自認＝ジェンダー・アイデンティティ

　ジェンダー・アイデンティティ gender identity とは、自分が「女である」あるいは「男である」、という性的な自己認知のことである。言い換えれば、社会的・文化的な意味づけや期待によってできている「男性」／「女性」という二分法のカテゴリーのうち、どちらに属するとみなすかという自己の認識、ということになる。
　ボーヴォワールは『第二の性』の中で、人間は「他人というものが入って来てはじめて、「他者」としての個体を成立させることができる。自分のためだけに存在しているあいだは、子どもは自己を性的差別のあるものとして把握することはできない」と述べている。つまり、性的自己認知は、生まれたときから身体に書き込まれたようなものではない、というわけである。

「二分法」の例をあげてみよう。それは単に「ふたつに分けただけ」と言えるだろうか？

013　ジェンダーはどのように表れるか？

前述した橋本も「性自認」を人間が「後天的に獲得する」ものと位置づけているが、では、この認識はどのようにして獲得されていくのだろうか。例えばジュディス・バトラーは、それは「呼びかけに対する反応」によってだ、と考える。「あなたは女の子ですよ（あるいは、男の子ですよ）」と言われた子どもは、その呼びかけに応え、同化するように成長する。こうした「行為」（パフォーマンス）が反復され、学習されることによって人間は「男」か「女」かどちらかの性の区分に加わり、いつしかそれを自認するようになる。

自分の性をどのように認識するかという「性自認」と同時に、他人からどちらの性を要求されるかという問題も、無視することはできないだろう。生まれたときから「あなたは女の子」と言われる子どもは、「女」であることを期待されているのであって、それは「男」であってはいけないということと同義である。この「性・他認」（「性・自認」ではなくて）とも呼べるような認識のあり方も、また、私たちの性を規定するひとつの要素である。周囲からどの性別と分類されるかという「他認」と「自認」とが一致していない場合、当然ながら軋轢と混乱が生じる。

> 他人にどちらの性で認識されるか（されたいか）という問題については、三橋順子『女装と日本人』（講談社現代新書、2008年）などを参照。

性役割＝ジェンダー・ロール

ジェンダー・ロール gender role とは、性別によって、集団や社会から期待される役割のことであり、それを逸脱すれば社会的非難の対象になり得るという点で、規範的な概念であると言えるだろう。

むろん、「性自認」と「性役割」はセットとして存在するわけではない。むしろ、規範として期待される「性役割」を果たすことによって、「性自認」が獲得されていくという側面もあるだろう。また、このように、社会一般の意識や規範

の影響を受けて身につけた姿勢や振舞い方は、まるで自分の内部から出てきたもののように感じられることがある（これを「内面化」と呼ぶ）。

では、「性役割」は私たちが生活している社会の中では、どのような形で現れているかを考えてみよう。次の問いかけに答えてみてほしい。

考える時間 2

1 次の職業について、男性に向いているもの、女性に向いているもの、という区別はできるでしょうか？ 直感的に答えてください。{幼稚園の先生／大学の先生／料理人／操縦士／医師／看護師／お笑い芸人／アナウンサー／議員など}

2 そのように考える理由は？

3 これらの職業について、就業者数の男女比を調査しましょう。

4 なぜこのような差が生じるか、理由を考え、話し合ってください。

例えば「幼稚園の先生」について、その職業に就いているひとの多くは「女性」だろうと、直感的に思ってしまう理由は何だろう。そのことと、実際にこの職業に就いているひとのほとんどが女性であることの間には、関係があるのだろうか。

ステレオタイプ

私たちは他人についてどのようなひとかを判断するとき、必ず何らかのタイプ分けを行っている。初対面のひとについて、年齢はどうか、出身はどうか、性別はどうか、など、いくつかの「物差し」を使いながら、人物像を想定する。「ステレオタイプ」とは、そのような「物差し」のことであり、その「物差し」を用いての判断は、ひとが社会生活を送る上で、それなりに有用なものであった。

しかし、このような「ステレオタイプ」が特定の社会集団や社会の構成員の中で、広範にわたって受け入れられ、固定化してしまったらどうだろう。例えば、「大阪のオバチャン」と発話するとき、私たちの中には、ある画一的なイメージがあり、そこには善悪や好悪の判断が入っていたりしないだろうか。「大阪のオバチャン」ということばによって喚起されるイメージにマッチする個人を、ただのひとりも知らなかったとしても、である。

このように、ひとを「ステレオタイプ化」するという行為は、ひとを個人ではなく、類型として見ることである。その中で最もわかりやすく、頻繁に使われるのが「男性」または「女性」という「性別」に関係した「ステレオタイプ」であろう（先の「大阪のオバチャン」も「女性」に関わっている）。「女らしさ」「男らしさ」という概念は、多くはこの「ステレオタイプ」に属するものであり、社会に生きる私たちは、そ

> 性別に関するステレオタイプを「大阪のオバチャン」以外にあげるとしたら？

「ジェンダー」について考える　016

のタイプ分けに同化したり、他人を判断するときに、そのタイプをそのまま当てはめて考えたりする。

性別役割分業

　先ほどの「幼稚園の先生」に戻って、その「ステレオタイプ化」されたイメージを考えてみると、その職業が「女らしさ」のイメージと極めて強く結びついていることがわかるかもしれない。「優しさ」・「面倒見の良さ」・「母性的」・「子ども好き」・「安心感」といった、この職業への適性と想像されるイメージが、「女らしさ」のそれによくマッチすると考えるとき、私たちは「幼稚園の先生は、女性であることが多いだろう（女性に向いているだろう）」と判断するのではないだろうか。ここに、実際の「幼稚園の先生」の業務の実態が全く考慮に入れられていないことからも、この思い込みが「ステレオタイプ化」によるものであることがわかる。

　この「ステレオタイプ化」された性別カテゴリーがさらに進むと、「男がするべき仕事」と「女がするべき仕事」という「性別役割分業」という考え方にいたる。それは、「女は家の仕事」・「男は外の仕事」という区分から始まって、「幼稚園の先生には母性的な資質が必要だから女が行うのがふさわしい」、「操縦士には体力と冷静な判断力が求められるから男が行うのがふさわしい」といった分別もある。性別によって期待される役割は異なるので、分業するべしという考え方が固定化されると、私たちの中のイメージもまた固定化される。「幼稚園の先生」について、その職業に就いているひとの多くは「女性」だろうと、直感的に思ってしまうことと、実際にこの職業に就いているひとのほとんどが女性であることの間には、実は深い関係があり、その大きな理由のひとつが、この「ステレオタイプ化」した性別役割分業の考え方である。

ジェンダー・バイアスとジェンダー・バランス

　このように、男女による分別のイメージが硬直化してしまうと、社会のいろいろな場面において、ジェンダーに基づく固定的な決め付けによる偏り（「ジェンダー・バイアス」）が発生する。例えば、どちらの性がその職業に向いているかという合理的な理由がないにもかかわらず、男女比が2対8になるような現象が起こった場合、このような偏りが生じていると考えることができるだろう。

　また、何かを行う際に、集まった人々の性別に大きな偏りがある場合、「ジェンダー・バランスが取れていない」などと言われることもある。例えば、すべての参加者に同じ役割と発言が期待されているような会議で、集まった10名の比率が男8・女2だったとしたら、この場面のジェンダー・バランスはどうだろう。もちろん、会議の内容によってジェンダー比が一対一でないことが望ましい場合も多々あるだろう。しかし、それぞれの性に期待されている役割が固定化されているからという理由でバランスが欠けているとしたら、そこには利よりも害が多くなる可能性が高い。

> このような偏りはどのような場面で生じやすいだろうか？

用語解説 ── さらに深く知りたいあなたへ ──

1. トランス・ジェンダー
私たちのジェンダー・アイデンティティは、絶対的かつ安定したものなのか？「セックス」がそもそも「社会的構築物＝ジェンダー」なのだとしたら、「男として生きる」のと「女として生きる」との間には、それほどの隔たりはないようにも見える。それならば、「ジェンダー・アイデンティティ」からの解放も可能ではないか、とも考えられよう。しかし、現実の私たちは、どちらかの性にマッチした振る舞いをするように求められている。男の身体をしたものは男として振る舞い、女の身体をしたものは女として振る舞う。そう見えるように振る舞えないのであれば、奇異の目にさらされるかもしれない。自らのセックスに違和感を持ち、異なるジェンダーで生きたいと願う「トランス・ジェンダー」というあり方は、この矛盾の中で引き裂かれた個の姿だと言える。中でも、性別適合手術を求める「トランス・セクシュアル」は、この違和感をより強く被ったあり方のひとつだろう。「性同一性障害」という医学的概念化は、手術による性別適合という可能性を開いたが、セックスとジェンダーが合致していなければならないという、苦しみの根本は覆い隠すことになる。

2. ジェンダー・イデオロギー
「性」はあくまでも個人的な問題なのか、それとも個を離れた社会的、あるいは政治的問題として扱うべき事がらなのか。この問いかけは、第二波フェミニズムのスローガンが「個人的なことは政治的なこと」であることと、根本でつながっている。社会における男女の役割が固定的なものであると信じさせ、それがあたかも普遍かつ不変であるように機能させるために、何らかの意図が存在するのではないか。そのように問うことで、男女という性のあり方＝ジェンダーが、政治的な枠組み＝イデオロギーと無縁ではないという可能性が示唆される。ボーヴォワールが『第二の性』、ケイト・ミレット Kate Millet が『性の政治学 Sexual Politics』(1970)、また、ミシェル・フーコー Michel Foucalut が『性の歴史 Histoire de la sexualité』(1976) で行ったことは、まさにその関係性の存在をあぶり出すことであった。ミレットは両性をめぐる関係の体制を「支配と従属の関係の事例」ととらえ、「われわれの社会秩序の中で、ほとんど検討されることもなく、いや気付かれることさえなく（にもかかわらず制度化されて）まかりとおっているのが、生得権による優位であり、これによって男が女を支配しているのだ」とし、「性による支配はわれわれの文化のおそらく最もいきわたったイデオロギー」であると規定する。気づかぬうちにその中に取り込まれ、理念として植え込まれる男女の関係性、それが、「ジェンダー・イデオロギー」だと言えるだろう。

文献案内 ── さらに・さらに深く知りたいあなたへ ──

橋本秀雄編著『性を再考する──性の多様性概論』, 青弓社, 2003年
橋本秀雄『男でも女でもない性・完全版』, 青弓社, 2004年
三橋順子『女装と日本人』, 講談社現代新書, 2008年
成実弘至編『コスプレする社会』, せりか書房, 2009年
Kate Millet, *Sexual Politics*, Doubleday and Company, 1970 （ケイト・ミレット『性の政治学』, 藤枝澪子ほか訳, ドメス出版, 1985年）
Michel Foucalut, *Histoire de la sexualité*, Editions Gallimard, 1976–1984 （ミシェル・フーコー『性の歴史（Ⅰ・Ⅱ・Ⅲ）』, 渡辺守章／田村俶訳, 新潮社, 1986–1987年）
Thomas Laqueur, *Making Sex: Body and Gender from the Greeks to Freud*, Harvard University Press, 1990 （トマス・ラカー『セックスの発明』, 高井宏子／細谷等訳, 工作舎, 1998年）

第三章

性差はどのように考えられてきたか？

　第二章では、身体的な性差（性別）や性自認、固定化された性役割について考えたが、性に関する二分法をさらにつぶさに検討すると、そこには単なる「分割」ではなく、「序列」の問題が潜んでいることがわかる。人間は、そうすればわかりやすいからという理由をつけて、物事を何でもふたつに分けて考えたがる。「高い」に対して「低い」であったり、「暗い」に対して「明るい」であったり。そして、この「二分法」という行為には多くの場合、どちらが上か下かといった価値判断の意識がこびりついていると考えてよい。

　「男と女」という二分法の場合はどうか。すでに第一章で述べたように、ボーヴォワールが『第二の性』を書いたのは、「第一の性＝男」に対し、不当に下位に位置づけられてきた「第二の性＝女」の歴史を明確にするためであった。つまり、性の二分法においては、男が上位で、女が下位という社会的序列が存在し、その分割が長く維持されてきたことが議論のきっかけになっているのだ。

　この「男が上位」で「女が下位」という序列を持つ社会が「家父長制」と表現されたり、劣った性とみなされる女性を、男性が支配する構造を「男性中心主義」と呼んだりする。本章では、近代社会における男女の関係とその序列が、何を目指し、どのように作られたかについて、歴史を少しさかのぼって考えてみよう。現代にまで残る「男女のあり方の基本」のルーツを知り、そこに含まれる問題点を洗い出すために。

> 「家父長制」とは、何を基準にしたどのような制度なのか、またどのような点で批判されているのかについて調べてみよう。

「女らしい女」・「男らしい男」という要請

　現在私たちが暮らしている社会の基礎とも言える「近代社会」が成立したのは、そう遠い昔のことではない。それより前の状態から大きく変化し、一大転換を遂げた社会の特徴は、個としての人間を尊重する思想と、各個人は国籍を持ちそれぞれどこかの国家に所属するという意識であった。

　今ではそのようなことは当然と思うかもしれないが、例えば、日本の江戸時代のことを考えてみればよい。その時代の人々全てに、現在考えられているような「人権」があったかどうか。また、人々に、自分たちが「（ほかの国の人間ではなく）日本人である」という自覚があったかどうか。人々にとっての国とは村であり町であり、せいぜいのところ藩どまりの地域社会であった。こうして見ると、日本の近代とは明らかに、他国からの圧力を受けながら、そうした中でも国としての自立を確保しなければならないという意識の芽生えた、明治期以降のことだと了解されるだろう。

　この変化は、世界中の国々が相互に影響し合って生じたこともあり、ヨーロッパでもアジアでもアメリカでも、およそ18世紀末から19世紀後半にかけて経験されることになった。こうして成立した新しい国家には、それぞれ個別の事情があったが、国としての仕組みを、政治・経済・法律・科学技術・文化など生活に関わるさまざまな面において整備し、外部に向かってアピールしなければならないという点では共通していた。

　その中には当然、「どのような国民を育てるか」という教育の問題が含まれていた。日本では明治5年という非常に早い段階で、高度な教育内容の実現を目指した学制を発足させていることからも、教育がいかに重要視されていたかがわかる。その目的はもちろん、国によって策定された「理想の国民」を育てることにあった。

しかし、その教育方法は男女で同じというわけではない。日本の男女別学システムは、男子は中学校から高等学校、大学という道筋をたどって高等教育へと導き、女子は「良妻賢母」を育てることを主眼に中等教育に留めるという、揺るぎのない骨格を持っている。このことからも、「理想の国民像」には性別があって、「女の国民」と「男の国民」にはそれぞれの果たすべき義務や責任が、異なるものとして与えられていたことがわかる。近代的な「女らしい女」や「男らしい男」という要請は、こうして与えられたのだ。

> 「良妻賢母」は、長く、日本の女性像の理想であり、教育目標でもあった。教育の中にどのように組み込まれていたか、調べてみよう。

「外」と「内」、「生産」と「消費」の分別

近代社会にはもうひとつ、大変重要な特徴がある。それは、この社会が科学技術の発展を背景にした「近代産業社会」であるという点だ。「近代産業社会」とは、大まかに言えば、個人が生産手段を持って自給自足をするタイプの社会ではなく、すべてのひとが他人の労働に頼らなければ成り立たないような社会システムのことである。

これはまさに、現在の私たちが生きている社会のことで、例えば、私たちは自分が食べているものを誰が作っているかは知らないが、誰かに作ってもらわなければ、自力では何も生産することができない。農業や漁業のみならず、それ以外の身の回りのものについても、同じようなことが言えるだろう。例えば、電気は誰が作っているのか？工業製品は誰が作っているのか？といったようなことだ。社会がここまで複雑になると、私たちには自分で作れるものはほとんどなく、お互いがお互いの労働と技能に頼って生きざるを得ない。

ここに産業革命が加わることで、分業体制はさらに強化された。動力機関の開発と発達により、一度に同じものを大量に生産することを可能にした産業革命は、同時に多くの労働

力を必要とした。そのため、農村部から都市周辺部の工場へと人口が流動し、それまでは、ほぼ同じ場所で行われていた「生産」と「消費」が、それぞれ別の場所で行われることになる。つまり、外で働き（「生産は外」）、内へ［家へ］帰る（「消費は内」）、という新たな仕組みができあがり、職場と家庭生活とが分離されることになったのである。

男女の住み分け ──「公的空間」と「私的空間」

　職場と家庭が分離すると、職場は個人の都合ではなく、組織の規則によって運営される「公的空間」と認識されるようになる。一方で、個人の家庭生活は自由の領域として区別されるようになり、プライバシーの権利を有する「私的空間」として独立する。

　こうして私的空間を形作るユニットとしての「近代家族」が誕生し、重視されるようになる。国家を成す核としての「家族」は、労働と消費を行う最小単位であり、「男性＝夫・父／女性＝妻・母／子」という性別と世代の違う人間同士をつなぐ集団でもある。その中で、「男性＝夫・父」のあるべき姿、「女性＝妻・母」のあるべき姿、「子」のあるべき姿が規定されていくのだ。

その結果のひとつは、「男は外で働き、女は家を守る」という性別役割分業の形で現れる。アン・オークレー Ann Oakley はその過程を『主婦の誕生 Housewife』の中で、次のように説明している。

　　産業革命が女性にもたらした最も重要な影響で、しかも後々まで尾を引いたのが、「成熟した女性の主たる役割」として、主婦という近代的役割を生み出したことである。女性の役割だけでなく、男性の役割もまた、産業革命によって影響を受けた。しかし、男性にとっては、それが主として、就業可能な職業範囲を拡大するという形で家庭外の世界を広げたのにひきかえ、女性にとって、それは、家庭という空間に包み込まれることを意味していた。
　　　　　　　　　　（アン・オークレー『主婦の誕生』、
　　　　　　　　　　岡島茅花訳、三省堂、1986年、p.44）

　女たちの仕事が家事を切り盛りし、子どもを産み育てることになった結果、彼女たちは公的な生活から排除されるようになったのである。

> 「主婦」（特に「専業主婦」）をめぐる論争には、よく知られているものがいくつかある。経緯をたどり、論点を考えてみよう。

「消費する」という行動とジェンダー

　このような分業は、必ずしも女性が男性に劣っていることを意味したわけではなく、男女は相互に補完的だと考える「ジェンダー分離」の結果だったとも考えられよう。だが、男の仕事は公的なもので、女の仕事は私的なものという分別が女性の立場を低めたのも明らかで、その原因の最大のものは、男女が行うそれぞれの仕事への対価の違いであろう。男の労働は生産労働であり、それには賃金が伴うが、逆に、女の家庭での労働、すなわち家事・育児・介護といったことは

何も生産しない労働とみなされてしまう。そのため家での労働は、賃金が発生しない「無償労働＝アンペイドワーク」と呼ばれるようになる。

このように考えれば、男女の「外」と「内」という住み分けは、互いの能力を活かすために別々の場所で別々の役割を果たすという、単純なものではないことがわかるだろう。先にも説明したとおり、近代産業社会にあっては、自分では限られたものしか生産できない以上、必要なものを手に入れるための金銭がなくては生きていけない。では、誰がその金銭を得るのかという問題は、社会の仕組みの根幹であるだけでなく、「家族」の中の人間関係を左右すると言ってもよい。

男と女はどちらも働いているが、その場所が「外」にある男は賃金を得て消費を可能にし、その場所が「内」にある女は、男によってもたらされた金銭を「消費」する側と位置づけられる。この場合の男と女は、果たして「分業」をしているのだろうか。男のもたらす金銭は、男にとっては自分の手で生み出したものだが、女にとっての金銭は、「いただいた」ものとして存在する。この人間関係は、本当に平等だと言えるだろうか。

考える時間 3

1 あなたの家族内における立ち位置を、ジェンダーを考慮に入れながら説明してください。

2 「父」と「母」の家庭内での役割と位置づけは、歴史的にどのように変化してきたと考えられますか？

3 家族の中で、金銭がどのように移動しているかを考えてみましょう。また、家族の消費行動からわかるジェンダーの問題をあげてみてください。

「人権宣言」と「女権宣言」

　近代社会の特徴のひとつとして「個としての人間を尊重する思想」をあげたが、この考えもまた、男女にとって平等ではなかった。フランスで、革命直後の1789年に発表された「人権宣言」は、詳しくは「人および市民の権利の宣言 Déclaration des Droits de l'Homme et du Citoyen」（下線部はそれぞれ「男」・「男性市民」の意味）というが、ここには女性は含まれていない。確かに、フランス語の問題だけを取り上げれば、« homme »（男）が総称としての「人間」を表すこともある。だが、この宣言の主体である « homme » の実態は字義どおり「男 homme」であり、「男性市民 citoyen」だったのだ。

　この事態に反発し、女性の権利を求めて書かれたのが、オランプ・ド・グージュ Olympe de Gouges による「女性および女性市民の権利の宣言 Déclaration des Droits de la Femme et de la Citoyenne」（下線部は、それぞれ「女」・「女性市民」の意味）である。オランプ・ド・グージュのこのパンフレットは長く顧みられることがなかったが、女性の権利を公に求めた運動のさきがけとして、現在では評価されている。

フェミニズム運動

　フランスのオランプ・ド・グージュやイギリスのメアリ・ウルストンクラフト Mary Wollstonecraft らをはじめ、男女という性別によって生きる上での権利や可能性が異なり、男に許されるものが女には許されない事態に対し、是正をうながす女性たちの運動が起こる。その運動は時代や主張の内容によって、いくつかに分類されて説明されることが多い（以下に示すのは運動の特徴の素描にすぎない。現代に生きる私たちにとって、重要な議論を多く含んでいるので、詳細な解説を読むことを薦める）。

　「第一波フェミニズム」：近代社会システムにおける男女の不平等を問題視し、婦人参政権など、女性には与えられていない権利の獲得を求める運動。日本では、1910年代に入って議論や運動が活発になる。平塚らいてう等による雑誌『青鞜』の創刊は、1911年のこと。

　「第二波フェミニズム」：1960年代に入り、アメリカで始まったウィメンズ・リブ運動を端緒とする運動のこと。近代社会システムは戦後、男女平等を達成したかに見えたが、実際はどうなのか。特に問題とされたのは、女性に与えられた「主婦」という役割であり、「主婦」という家庭にあるものとしての女と、外の社会とがどのように分断されているか、またどのようにつながるべきかが問い直された。「個人的なことは政治的なこと」をスローガンとしたこの運動は、個々の女性の生き方だけではなく、男女の関係のあり方や家族のあり方、社会のあり方を根底から問い、揺さぶり、変化を迫ることになった。

> それぞれの潮流の中で声をあげ、活躍した女性たちについて調べてみよう。その後の私たちにつながる問題意識や、現象にはどのようなものがあるだろうか。

用語解説 ── さらに深く知りたいあなたへ ──

1. 主婦をめぐる問題

アメリカにおける第二波フェミニズムの先触れとなったベティ・フリーダン Betty Friedan の『**新しい女性の創造** *The Feminine Mystique*』(1977)は、中流階級の専業主婦に巣喰う「名前のない問題」を明るみに出した。外で働き賃金を得る男性と、無賃の家事労働を行い「家」という閉ざされた空間にとどまる女性の間には、金銭はもとより、自己実現や人間関係を求める気持ちなど、精神的・心情的な意味においても、大きな不均衡が存在する。その象徴的なあり方が、「女性=主婦」という図式であった。日本でも同じような議論が起こったが、その性質には異なる側面もある。明治時代以降、「**良妻賢母**」になるべく教育され、「**内助の功**」タイプの主婦であることが最高の美徳とされた日本の女性は、第二次世界大戦後、社員を家族ぐるみで取り込む日本型企業の仕組みの中に吸収されていった。つまり、女性は公には表れない働きによって評価され、一家の主に依存することによって、生活を保障されていたとも言えるだろう。現在、企業のあり方や社会保障制度は変化の途中にあるが、このような体制に組み込まれた女性は、依然として経済的自立を得るのが難しい状況にある。

2. 階級

「階級」あるいは「社会階級」は、ある集団において身分や地位の上下が決められていることを指す場合もあれば、富の再分配の不均衡による経済**格差**によって生じる、例えば「持つもの」と「持たないもの」のような差異を表現する概念でもある。だがこれは、「社会の一員として収入を得る」という経済システムの中にある者にのみ有効なのであって、公の立場を持たず、無償労働に日々の時間を費やしている多くの女たちに、当てはまるとは言いにくい。逆に言えば、「男」もひとつの「階級」であり、それに従属して生きることを最大の功績とされる「女」は、明らかに下位の集団として階級化されていると考えることもできるだろう。では、女性が社会活動に進出し、賃金労働に参入することが一般的になればどうなるか。男性間、あるいは男女間にあった格差とは別に、女性の中での格差(「女女格差」などという表現もある)も考慮に入れる必要が生じる。さらに範囲を広げれば、居住地(都会か地方か、など)や国籍なども、こうした格差=階級を形成するファクターになり得る。現在の日本には、身分制度としての「階級」はあからさまには存在しないが、だからといって私たちが「格差」から解放されているわけではないことに、自覚的であるべきだろう。

文献案内 ── さらに・さらに深く知りたいあなたへ ──

小山静子『良妻賢母という規範』, 勁草書房, 1991年
上野千鶴子『近代家族の成立と終焉』, 岩波書店, 1994年
江原由美子／金井淑子編『フェミニズム（ワードマップ）』, 新曜社, 1997年
落合恵美子『21世紀家族へ──家族の戦後体制の見かた・超えかた』（第3版）, ゆうひかく選書, 2004年
上野千鶴子『ザ・フェミニズム』, ちくま文庫, 2005年
上野千鶴子『家父長制と資本制──マルクス主義フェミニズムの地平』, 岩波現代文庫, 2009年
木村涼子『〈主婦〉の誕生──婦人雑誌と女性たちの近代』, 吉川弘文館, 2010年
総合女性史研究会編『時代を生きた女たち──新・日本女性通史』, 朝日選書, 2010年
千田有紀『日本型近代家族──どこから来てどこへ行くのか』, 勁草書房, 2011年
Betty Friedan, *The Feminine Mystique*, Norton, 1963 （ベティ・フリーダン『新しい女性の創造』（改訂版）, 大和書房, 2004年）
Ann Oakley, *Housewife*, Allen Lane, 1974 （アン・オークレー『主婦の誕生』, 岡島茅花訳, 三省堂, 1986年）

第四章

「セクシュアリティ」にまつわる決まりごと

　ここまで、「男と女」というふたつの性が、社会をどのように構成しているのか、また、その違いや役割はどのように認識されてきたのか、ということについて考えてきた。これまでの考察を整理し、同時に、「性」にまつわる別の側面について考えるために、次の問いかけに答えてみてほしい。

考える時間 4

1　次のことばの前や後ろに「女／女の」と「男／男の」をつけてみましょう。{ことば／社長／遊び／料理／マンガ／化粧品／教師／色／風呂}

2　どうしてこのような結果になったか、理由を考えてみましょう。

3　できあがったことばの「女」「男」に含まれるニュアンスの違いを考え、話し合ってみましょう。

「女風呂」と「女遊び」

　先ほどの問いかけについて、ふたつほど例をあげて考えてみよう。
　「風呂」と「遊び」に「女／女の」をつけると、それぞれ「女風呂」と「女遊び」になり、意味の通じる表現になるが、このふたつの「女」の持つニュアンスは同じだと言えるだろうか。
　「女風呂」の「女」は、言い換えれば「女用の」という意味であり、対する「男風呂」の「男」は「男用の」ということになる。つまり、ここでの「男」や「女」は性を二分割した場合のどちらが使うか、という意味であり、使用主体の「性別（男か女か）」を表しているにすぎない。
　一方で、「女遊び」につけた「女」も確かに性別は表しているが、「女用の」という意味ではなく、「女と遊ぶ」ことを指す。「女と遊ぶ」のは「男」であり、さらに、この場合の「遊ぶ」には、女性と肉体的な関係を持つという「性的」な事象が明らかに含意されている。同じ「女」を頭につけても、その意味合いもニュアンスも、主体となるか客体となるかも、一様ではないということがわかるだろう。

「性」ということばの持つふたつの側面

　これと同じようなことが、日本語の「性」ということばについても観察できる。男女という意味合いでの「性」を使った熟語をいくつかあげてみると気がつくことだが、そこには大きく分けてふたつの側面が存在する。「性別」や「性差」の場合には、単に、男か女かの違いといったことしか表していないが、「性愛」や「性欲」という表現の場合、「性」には明らかに「性別」とは違った意味とニュアンスが含まれる。これを英語に置き換えてみれば、前者は「セックス sex」、

後者は「セクシュアリティ sexuality」になるだろう。

　男と女の問題を考える上で、「セクシュアリティ」が重要な概念であることは、すでに第一章で指摘したが、本章では具体的にどのような問題があるのかについて、「恋」の問題も含めて、もっと突っ込んで考えてみよう。

「女遊び」と「男遊び」

　「女風呂」と「女遊び」では、「女」の意味合いとニュアンスが違ってくるのはわかった。では、前につける性別を変えて「女遊び」と「男遊び」とした場合はどうだろうか。と問う前に、そもそも「男遊び」という表現は有効なのだろうか。

　国語辞典の多くでは、「女遊び」は「女道楽」の同義として掲載されているが、「男遊び」という項目は見当たらない。同様に、「女癖（が悪い）」という項目はあるが、「男癖（が悪い）」は存在しない。もちろん、これらは一般的な国語辞典に載っていないというだけのことで、インターネットの検索サイトに「男遊び」を入れると、「女遊び」のちょうど逆のような意味での使用例が、それこそ、ごまんとヒットしてくる。

性規範のダブルスタンダード

> 同じ問題について、ふたつの違う基準（「ダブルスタンダード」）が適応される事象には、ほかにどのような例があげられるだろうか？

　このような現象が起こることについて、どのような説明、あるいは解釈が可能だろうか。先に述べたように、もともとの成り立ちと意味合いをたどれば、「女遊び」は「男」が「女と遊ぶ」ことであり、その「遊び」には、肉体的な行為（性行為）が含まれると考えられている。

　これをそのまま性別だけ逆にしてみると、「男遊び」は「女」が「男と遊ぶ」ことであり、その「遊び」には、肉体的な行為（性行為）が含まれる、ということになろう。前者が表現として許容され、後者がそうではないのはおそらく、性的な行為を含む遊びに関しては、主体は男性であるのが基本であり、それが女性であった場合には、逸脱の行為とみなされるからではないか。「男遊び」や「男癖（が悪い）」といった表現はネットを探せばいくらでも見つかるが、肯定的な意味合いで使われている例はあまりない。多くの場合、「女にあるまじき」「淫乱行為」という、負の（であると同時に制裁に近い）ニュアンスが含まれている。

　ここからわかることは、「セクシュアリティ」という意味での「性」にもまた、規範的な側面があるということであり、その規範は男女にとって同じではないということだろう。「男」が性的に「女遊び」をすることは、（モラル的にはともかく）事象としては認められるが、「女」が性的に「男遊び」をすることは、モラル的にはもちろん、事象としても「ないもの」として扱われている。

　さらに言えば、「男」が女性と性関係を持つことは、どこかで是認されるようなニュアンスがあるのに対し、「女」が男性とそのようになることには、忌避と軽蔑の視線が注がれるような構造がある。性的初体験について語るとき、男性にとって「童貞は棄てるもの」であるのに対し、女性の「処女は守るもの」なのは、そのことを端的に表してはいないか。

このように、同じ性的行為について、男女でその扱いと評価が異なることを、「性規範のダブルスタンダード」と呼ぶ。同じことに対する基準（スタンダード）がもともと違うのだから、特に、「女」が「男」の真似をすると、手痛い制裁が待っていることを心得ておけ、ということだろうか。

「女社長」の持つニュアンス

　少し違うタイプの例を考えてみよう。「社長」に「女／女の」と「男／男の」をつけると、それぞれ「女社長」と「男社長」になるが、「男社長」とは言わないだろう、ということがある。この場合には、そもそも「社長」とは「男」であることが前提なので、わざわざ性別をつけることはしない。「女」が「社長」であることはめずらしいので、「女社長」と性別を付す、という説明が有効だろう。これを言語学の用語を使って言い換えると、基本になるものには「標識 marker」をつけずに「無標 unmarked」（「社長」）で示し、特殊なものには「標識」をつけて「有標 marked」（「女社長」）として示す、ということになる。

　「女社長」の成り立ちはそれでよいとしても、この表現には、ほかにももっと多くのニュアンスが込められていないだろうか。「女だてらに社長をしているとは……」とか、「女が社長の会社というのは……」など、男ではないという理由だけで、「なぜ彼女が社長なのか」を、能力などではなく、「性別」の側面から解説されたり、勘ぐられたりすることがあるだろう。

　このことは、この「社長」には、常に「女」という冠がついてまわり、そこからは逃れられないということをも意味している。この人物は「社長」である前に「女」であることによって規定されるということであり、それは同時に、「女」

「女社長」のように「女」がつく職業、また、「男」がつく職業にはほかにどのようなものがあるだろうか？　なぜそうなるのだろうか？

ということばが含み持つあらゆる側面を、常に前提として持ち合わせているものと期待される、ということでもあるのだ。「女社長」に「女らしい細やかな配慮」や「女性独特の感性」が求められたり認められたり、また、「女っぽいしぐさ」や「女としての艶」が求められたり認められたり。それは、彼女が望むかどうかという問題ではない。「女社長」「女教師」「女弁護士」と、頭に「女」がついた時点で、もれなく喚起されるニュアンスであり、イメージなのだ。

「男色」と「女色」

　では最後に、「色」について考えてみよう。「色」に「男の子」や「女の子」をつけて、「男の子色」とか「女の子色」などとしてみることもできるだろう。例えば、子どもに何色の服を着せるかを考えるときに、女の子ならこの色、男の子ならこの色、というような意味合いである。これもよく考えてみれば、根拠らしい根拠はひとつもないのだが、「男の子らしい色」や「女の子らしい色」が、疑いもなく存在するかのように語られることがまれではない。

　一方、「色」にダイレクトに「男」と「女」をつけると、「男色」と「女色」という熟語ができあがる。この場合の「色」は「カラー」ではなく、「情事」の意味合いであり、前にあげた「遊び」と同じようなカテゴリーに属する。では、「男色」と「女色」はそれぞれどのように定義されているのかを見てみよう。

　「男色」の意味を、多くの国語辞典は「男性同性愛」と定義している。つまり、「男」が「男」に懸想したり情事を行ったりということを説明する語句として「男色」が存在するのである。であるならば、「女色」は「女」が「女」に懸想したり情事を行ったりすることかと言えば、辞書はそのようには

説明しない。「女色」とは、「男」が「女」と交わす情事、あるいは「男」が迷う「女の色香」のことだ、というのである。

　ここにもまた、「女遊び」と「男遊び」の場合と同じような「男女の非対称性」を、観察することができる。元来、「遊び」や「色」とは「男」が主体となり、客体が「女」と決まっている、というのが発想の根本である。この発想にはふたつの重要なポイントがあって、それは、「男が主体」であることと、「客体は女」であるという点である。言い換えれば、性的欲望の主体となれるのは「男」という性であり、その対象は常にもうひとつの性である「女」だ、ということになる。そのため、「女」が女を愛することを「女色」とは言わないし、「女」が男を愛することも「男色」とは言わない。男性にとって「女色」は際立って女っぽい女におぼれることを意味し、男性を愛することを「男色」と呼んで区別するのだ。

> 「男女の非対称性」の存在は、ことばの観察からも確認することができる。「少女・少年」は対称的か？、「美男・美女」「美男子・美女子」などなど。

性的指向

　ここで、セクシュアリティに関する重要な事項として、「性的指向 sexual orientation」について確認しておこう。「性的指向」とは、性的欲望や性愛関係がどの性に向かうかという指向のことで、欲望の対象が同性か異性か両性かによって、同性愛 homosexual、異性愛 heterosexual、両性愛 bisexual と呼び分けられる。もちろん、どちらの性に対しても恋愛感情や性的欲望を感じない場合もあるわけで、無性愛や非性愛といった言い方もある。

　ただ、ここで重要なのは、性欲や性愛の対象によって、ひとをいくつかのカテゴリーに分類することではない。これまでジェンダーのいろいろな側面について考えてきたが、私たちはみな、産まれたその瞬間から、「男か女か」というふたつの性のどちらかに適応して生きるように求められる。そこ

には、第二章で述べた「ジェンダー・アイデンティティ」の問題もあり、「ジェンダー・ロール」の問題もある。しかし、このことと、どちらの性に欲望を見出すかということは、切り離して考えなければならない。つまり、どちらかのジェンダーにアイデンティティを見出すということと、どちらの性に欲望を感じるかということは、セットになっているわけではないのだ。

　だが、「男」は「女」を愛し、「女」に欲情することが「常識」であり、「正常」だとみなされている文化においては、「男色」は「非常識」であり「異常」なものと判断される。つまり、男性ジェンダーをアイデンティティとして身につければ、「性的指向」は自動的に「異性＝女」とされ、女性ジェンダーをアイデンティティとして身につければ、「異性＝男」を愛するものと決めつけられるような社会では、それ以外の指向を持った人間は、ことごとく排除されてしまうということだ。

性のあり方の多様性

　では、このように考えてみるとどうだろう。それぞれの人間は、生物としての性、社会的な性、自分がどちらのジェンダーにアイデンティティを見出すかということに加え、どちらの性に対して欲望を感じるか、という要素をそれぞれ持っている。

Sex（生物的性）

女 ←——————————？——————————→ 男

Gender（社会的性）

女 ←————————————？————————→ 男

Gender identity（性自認）

女 ←——————————？——————————→ 男

Sexual orientation（性的指向）

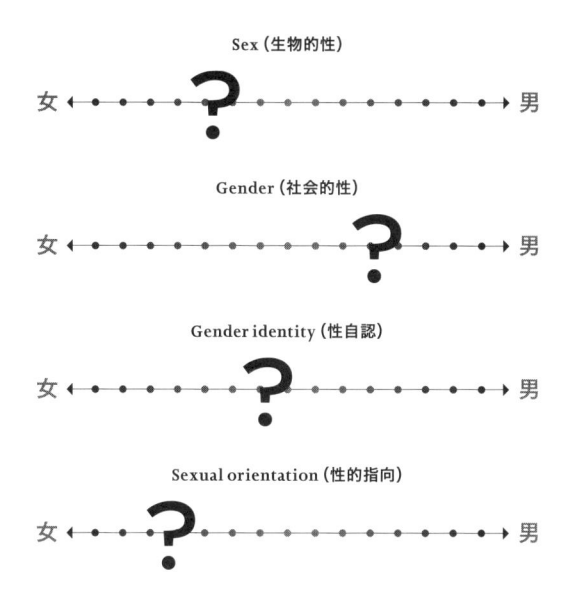

女 ←————？————————————————→ 男

　項目のそれぞれについて、「男」か「女」か「どちらか」に〇をつけるようなものではなくて、その中間のどこか。そうすると、性はいかにも多様であり、私たちはそのグラデーションの中にあるのだということがわかるだろう。そのように考えれば、一般に「正常＝マジョリティ（多数派）」な性のあり方には当てはまらない存在としてくくり出される「LGBT（L＝レズビアン、G＝ゲイ、B＝バイ・セクシュアル、T＝トランス・ジェンダー）」も、そうしたグラデーションの一部ととらえることができる。日本ではこのような性のあり方について「性的マイノリティ」という言い方もするが、果たしてそれは「異常」で「マイノリティ（少数派）」なのか、という問い直しも可能になるだろう。

　だが、現実問題として、私たちが、かなり窮屈な状態にいることも確かである。その「窮屈さ」や不自由さについては、次の章で考えてみよう。

「マイノリティ」ということばの使われ方を観察し、調べてみよう。特に、「人権」の問題と共に。

用語解説 ── さらに深く知りたいあなたへ ──

1. 魔女狩りと魔女裁判

女性が社会の仕組みから排除されると同時に、「性的存在」へと囲い込まれていく過程を観察するのに、西洋中世の「魔女狩り」と「魔女裁判」は恰好のサンプルと言える。もともと魔女裁判はキリスト教の異端審問の一種であって、15世紀には被告の多くは男性であった。これを変更し、魔女による悪事を女性のものとし、女の魔女像をヨーロッパ中に広めたのは、ドミニコ会派のドイツ人修道士ハインリヒ・クラマー Heinrich Kramer とヤーコプ・シュプレンガー Jacob Sprenger が書いた『魔女の鉄槌 Malleus Maleficarum』(1487)であったとされる。この中で、女は女であるゆえに性的に堕落した存在とされ、悪魔と交わった女=魔女は男性に害を及ぼすものと断じたのである。また、一度「魔女」として告発された人間が、無実を証明して釈放される例はほとんどなかった。魔女裁判の記録を検討すれば、職業ギルドに参加している女性を排除するために、彼女を魔女として告発するような事例があまた見られるようになる。つまり、「魔女狩り」と「魔女裁判」は、宗教的な粛清に端を発するが、結果として見てみれば、女性を性的な存在に還元し、公の空間から締め出すための仕組みであったとも考えられるのである。

2. ポルノグラフィー

「ポルノグラフィー」については、これまで多くの議論がなされてきたし、これからも続いていくに違いない。それほど、「ポルノグラフィー」には、セクシュアリティの表現をめぐる問題が、多く溶け合っているということであろう。セクシュアルな肢体や動きを写真、画像、映画などの商業的メディアを通じて広く流布させる「ポルノグラフィー」は、多くの場合、「見られる女性」と「見る男性」という構図を持っている。ポルノに登場する女性は、そのため、性的に消費され、搾取される存在となるだけでなく、暴力的な視線にさらされることにもなる。このような状態に対し、法律でポルノを規制すべきとする「反ポルノ運動」が高まり、その代表的な論客としてアンドレア・ドウォーキン Andrea Dworkin やキャサリン・マッキノン Catharine MacKinnon が挙げられる。だが一方で、フェミニストの間にも、表現の自由や、性のあり方の固定化させるのではないかという理由で、「反ポルノ派」の検閲的な態度に疑問を呈する陣営も存在する。いずれにしても、肉体に性的なニュアンスを見出す手法や感覚は、人間が社会的・文化的に習得したものである。その硬直した性への視線を再生産し続けるメディアの態度がある一方で、そこからの解放を目指す意見もまた、常に存在し続けるのだろう。

文献案内 —— さらに・さらに深く知りたいあなたへ ——

小倉孝誠『〈女らしさ〉はどう作られたのか』, 法蔵館, 1999年
荻野美穂『ジェンダー化される身体』, 勁草書房, 2002年
野口芳子『グリム童話と魔女――魔女裁判とジェンダーの視点から』, 勁草書房, 2002年
小田洋美／北原みのり／早乙女智子／宗像道子『ガールズ・セックス』, 共同通信社, 2003年
玄田有史／斎藤珠里『仕事とセックスのあいだ』, 朝日新書, 2007年
金井淑子編著『身体とアイデンティティ・トラブル――ジェンダー／セックスの二元論を超えて』, 明石書店, 2008年
荻野美穂編著『〈性〉の分割線――近・現代日本のジェンダーと身体』, 青弓社, 2009年
田村公江／細谷実編著『大学生と語る性』, 晃洋書房, 2010年
京都大学人文科学研究所共同研究班 (大浦康介編)『共同研究 ポルノグラフィー』, 平凡社, 2011年
Anthony Giddens, *The Transformation of Intimacy: Sexuality, Love and Eroticism in Modern Societies*, Polity, 1992 （アンソニー・ギデンズ『親密性の変容――近代社会におけるセクシュアリティ、愛情、エロティシズム』, 松尾精文／松川昭子訳, 而立書房, 1995年）
Catharine MacKinnon and Andrea Rita Dworkin, *In Harm's Way: The Pornography Civil Rights Hearings*, Harvard University Press, 1997 （キャサリン・マッキノン／アンドレア・ドウォーキン『ポルノグラフィと性差別』, 中里見博／森田成也訳, 青木書店, 2002年）

第五章

「恋」と「恋愛」について考える
――「恋をする」とはどういうことか――

　「恋をする」というとき、私たちはどのような状態を思い浮かべているだろうか。これを説明するのは、実のところ、それほど容易ではない。「恋／恋をする」について、いくつかの質問を想定してみればわかるが、いきおい抽象的になってしまって、なかなか簡単には答えられないのである。例えば、「恋をする」というのは、具体的に何の、どのような動きのことか。また、「恋」と「恋愛」とは同じなのか、違うのか。「恋」の始まりがあるとすれば、終わりはどのように考えればよいのか。

　こうした問いかけは、するのは簡単だが、答えるのはとても難しい。思いついたことがあったとしても、それを具体的な形で言語化しようとすると、するっと逃げられるような印象もある。そのため、この章では、できるだけ具体的な現象から始めて、「恋」のいろいろな側面について考えてみたい。[考える時間]の項目についても、これまでの章とは、少しスタイルを変えてみよう。

> **考える時間 5-1**
> あなたが「恋をする」ことを思い描いてください。具体的に、どのような相手・どのような感情・どのような行動、を想像することができますか。

「恋」は定義できるのだろうか？

　問いかけに答えてみて、どのような印象を受けただろうか。こうして改めて考えてみると、「恋」とはいろいろな事がらを含みこんでいるものだということに気づいたのではないだろうか。

　例えば、「どのような相手か」と問われれば、人相や風体、年恰好、性別、などを思い浮かべたひともいるだろうし、「相手」は果たして「ひと」に限られるのだろうか、「もの」ではダメなのか？と考えたひともいるだろう。「感情」については、「うれしい・楽しい・どきどきする」といったポジティブなものもあれば、「苦しい・切ない・落ち込む」という具合に、ネガティブになる場合もあるだろうし、「行動」にいたっては、それこそ、回答するひとの数だけヴァリエーションがあるのではないか。これを無理やり「定義」するのは大変難しいことがわかる。

　だが、ここから「恋」のいくつかの側面を抽出することは可能だろう。

　「恋」の対象はどうやら、人間には限らない。映画が好きで好きでたまらないひとは「映画に恋をしている」と表現するかもしれないし、「恋に恋する年頃」などという言い回しもある。「恋をする」とは、その対象に向かって心が惹きつけられる現象一般を指すのであり、対象はひとであってもものであっても表現としてはおかしくない。

　次に、「恋をする」ことによって引き起こされる状態や心の動きについて。「恋」は一般的に、ある個人が経験する特殊な感情のことだと思われている。ひとは、ある対象に「恋をする」と、並々ならぬ高揚感を意識し、それが満足感につながったり、逆に欠乏感や不安感に陥ったりもする。つまり、通常の感情の動きに比べて、より振幅の度合いが大きいものだと言えよう。ただ、「恋」の感情は、好悪で言うと「好き」

の領域に属するもので、嫌いな相手に強い感情を持っていても、それは「恋」とは呼ばない。

「恋」と「恋愛」は違うのか？

　「恋」をする場合、その対象は、もののこともあれば、ひとのこともある。では、「恋愛」はどうだろうか。先ほどの例で考えるなら、「映画に恋愛する」というのは、言い回しとして、何か不自然な感じがする。ということは、「恋」のうしろに「愛」がつくと、ことばから受ける感覚と意味合いは違ってくるのだろうか。

　もう一歩踏み込んで、「恋」をしているひとと相手（対象）の関係について考えてみよう。「恋をしている」ひとは、自分が選んだ対象に、ただならぬ心の高揚感を感じているらしい。が、この段階にあっては、相手が自分についてどのように思っているかは、ほとんど考慮されていないとは言えないだろうか。恋の相手がものの場合はもちろん、ものから恋されたいと願ったりはしないわけだが、対象がたとえ「ひと」であった場合でも、同じように「恋されたい」あるいは「好かれたい」と感じることは、必ずしも「恋をしている」状態の必要条件とは言えないだろう。「恋をしている」のは、本人ひとりの感情と認識であって、相手がどうだかはわからない。

　一方で、「恋愛」の場合は、相手はひとに限られるらしい。さらに、「恋愛をしている」という表現を考えた場合、単に「私が恋をしている」にとどまらず、相手からも同様の好意を受けるか、あるいはそうした「好感」についてのやりとりがあることを思わせる。つまり、「恋愛」とは、ひととひとの間に成立する「関係性」のことであって、「恋」を支える好意的感情が、行ったり来たりするような状態のことを指すことが多いらしい。

「ジェンダー」について考える　044

ここでわざわざ「多いらしい」という持って回った言い方をしているのは、「恋愛関係」にあるふたりが、必ずしも同じ種類・同じ分量の「好意的感情」をやりとりしているわけではないし、「相手」は「ひと」とは言っても、三次元ではなく、二次元のもの（例えば、アニメのキャラクターや、グラビア写真の被写体など）かもしれないからだ。これらのテーマについては、もう少し先で検討することにして、ここからは、ふたりの人間の関係性としての「恋愛」と「ジェンダー」について考えてみよう。

考える時間 5-2
ふたりの間に発生する「恋愛」には、男と女という性が関わると思いますか。性が関わると考える場合、理由を考えてみてください。

「恋愛」と「性的指向」

　ふたりの人間の関係性を表す「恋愛」だが、その「ふたり」には、自動的に「男」と「女」という性別が割り振られるものかどうか。次の考察テーマはこれである。

　前章で扱った「性的指向」の多様性を考えれば、恋愛関係にあるふたりは、必ずしも「男と女」であるとは言い切れない。しかし、「恋愛」に関する一般的な言説は、私たちに対し、「男は女を愛するものだし、女は男を愛するものだ」（この考え方を「異性愛主義」、それが支配している仕組みを「異性愛体制」と呼んだりもする）、したがって、「恋愛」は「男と女」という異性の間に生じるものだということを、繰り返し伝えてくるのも事実だろう。そのとき、「男に恋した男」や「女に恋した女」、あるいは「男と恋愛関係にある男」や「女と恋愛関係にある女」の立場はどう扱われることになるのか。

　これは、「本来の姿」をどのようなものと規定するか、ということに深く関係している。私たちは日常生活において、「これはもともとそういうものだから」という言い方や、「〜するのが自然だから」という表現を何かの理由としてあげることがあるが、それが果たしてそうかどうかは、よくよく考えてみる必要がある。「もともと」や「自然」は何かを説明しているようで、何も説明していないことが多いからだ。

　このことは、「恋愛」と「性的指向」の問題にも当てはまる。もともと「男は女を愛するものである」し、「女は男を愛するのが自然だ」と考えれば、「男を愛する男」や「女を愛する女」は、自然に逆らった異常なものだということになる。こうした指向を持つ人々に「同性愛者」という名前をつけて、治療や罰則の対象にして来た歴史は、「異常」なものを軽蔑や嫌悪の的として区別することで成立する「正常」というもののあり方を示しているとは言えないか。

> 「異性愛体制」という仕組みによって、排除されるものについて考えてみよう。

「クィア」というあり方

　ここでもう一度ふり返るべきなのは、「もともと」とか「自然」とか言う側には、案外何の説明も根拠も用意されていないということだ。「同性愛者」は「自然ではない」とみなされるゆえに、なぜ同性を愛するのか、なぜ同性でないといけないのか、同性同士でどのような性関係を結ぶのか、といったことや、この事態は異常だとして、その原因は何なのか、ホルモンなのか遺伝子なのか、周囲の環境なのか、また、その性癖を「正常」へと「治療」するためにはどうすればよいのか、などなど、あまたの疑問が呈され、ひとはそれに答えを見つけようとさんざん苦労し、努力を重ねることになる。

　しかし他方の「正常」とされているひとたちは、この種のことをたずねられたり、努力して答えたり考えたりするだろうか。ではなぜ「異性愛者」は異性を愛するのか、なぜ異性でないといけないのか、異性同士でどのような性関係を結ぶのか、と言ったことは、さほど問題にされない。「だってそれが普通だから」、が果たして答えになっているかどうか。

　こうした「正常」と「異常」の分別に対し、特に、ゲイやレズビアンといった同性愛者の側から問い直しを迫る、さまざまな運動が現れた。「異常」とされる同性愛者は、「正常」

> 自らを「クィア(変態)」と称することの積極的な意味はどこにあるのだろう。ほかにも同様の事例を指摘することができるだろうか?

の側にとっては、はなから共感や理解の外にあるから、一方的な嫌悪かあわれみの対象にしかなり得ない。それに対して同性愛者たちが採用した戦略が、自らを「クィア」と名乗ることであった。

もとは「変態 queer」という男性同性愛者を呼ぶ蔑称を、自発的に使うことにより、この語は肯定的な意味を持つようになる。それだけではなく、「あなたたちはクィアじゃないんですよね、では、何なのですか」という疑問を突きつけることで、「性」は常に男女ペアーにおいて生じる現象だ、という考えに揺らぎを与えるきっかけとなったのである。

考える時間 5-3
「恋」から生じた関係性としての「恋愛」は、その後、何を経験し、どのような道筋をたどるか、想像してみてください。また、そのことは「肉体的欲望」と関わりがあると思いますか。

「恋愛」と「性的経験」

「恋をした」ひとは、並々ならぬ感情の起伏を経験する。それは、ときに自己の性的アイデンティティを突き詰めて考えるきっかけになることもあるだろうし、感情の底にひそむ欲望を、無意識に露呈させたりするかもしれない。その意味において、「恋する」ことは、自己を解体し、再構築するような力を有するものなのだろう。それが特に「恋愛」につながるような経験である場合、ひとは「性」にまつわるさまざまな事がらを脳裏に描き、それが自分(主体としての、であ

ると同時に客体としての）にとってどのような意味合いを持つのかをつぶさに検討しようとする。

　だが、この場合に想定される「性的経験」への関わり方は、主体の性別によって、かなり異なった様相を示す可能性があるだろう。具体的に言えば、性的欲望を抱くこと、性行為を行うこと、性行為を行った結果、といった事がらのそれぞれが、主体のアイデンティティが女性であるか男性であるかにより、異なった位置づけや意味づけを持つということである。

　例えば「性的欲望」について、武田悠一は、異性愛体制においては欲望が「男性化」されていることを取り上げ、「欲望の主体は男であり、女はその対象である。女の身体は男の欲望のまなざしの対象として、男の快楽の場として構造化され、そのまなざしを内在化して『女性的』になる」（武田悠一『読みの抗争──現代批評のレトリック』, 彩流社, 2012年, p.367）と述べる。つまり、「性的欲望」を持つ主体は常に「男」とされ、一方で「女」は客体の役割を果たすものとされており、立場の逆転は下手をすれば、規範の逸脱につながりかねないということだ。この構造はまた、「性行為」そのものについても同じであろう。主体としての男性が、客体としての女性を扱うのだとすれば、その場における**快楽の関係性**もおのずと固定されてしまう。「する／される」・「与える／受ける」という役割意識をうながす言説が繰り返されることによって、男女のそれぞれの振る舞いは再生産的に固定されていくのだ。

> 「快楽」は個人の感覚・経験だろうか、それとも、関係性によって成り立っているものだろうか？

ロマンティック・ラヴ・イデオロギー

　「性的経験」のうち、性別によって最も大きな差を生み出すのは、「性行為を行った結果」であろう。女性の身体は、その結果、妊娠し、出産する可能性があるが、男性の身体に

はそのことは起こり得ない。つまり、性的な一連の行動と行為は、欲望の追求や獲得といったこととは無関係に、「生殖」に直結するものだということである。

　ここで、「恋愛」がその後、どのような道筋をたどる可能性があるか、について考えてみよう。「恋愛」をし、「性行為」をした場合、当然のことながら、妊娠や出産が視野に入る。それに伴って「家族」が形成されるとなれば、「結婚」という形も想定される。この際、順番は不問にするとして、「恋愛・結婚・出産（生殖）」は一連の流れ、ある意味、一体化したものとみなされる傾向が強い。

　この、恋愛と結婚、出産が一連のものとして成就されることを「ロマンティック・ラヴ」と呼び、こうした構造を良しとする思想を「ロマンティック・ラヴ・イデオロギー」と言う。これが成立するためには当然、「恋愛＝ラヴ」という概念が必要であり、「恋愛」を「結婚」へと直結させる「恋愛結婚」というあり方が、広く称揚されねばならない。しかし、恋愛結婚は近代以降のものであり、現在の日本では当たり前のように考えられている「恋愛・結婚・出産」の「三位一体」は、実はそれほど長い歴史を持っているわけではない。

> 「恋愛・結婚・出産」が一連のものとして考えられるようになった背景や歴史について調べてみよう。

考える時間 5-4

「ロマンティック・ラヴ・イデオロギー」をどのように考えますか。今でも強力に推奨されていると思いますか。また、このような考え方は、私たちの何を規定していると思いますか。

「恋愛」と「結婚」

　「ロマンティック・ラヴ・イデオロギー」が現在も強く維持される傾向にあるとすれば、その理由は何だろう。「愛のない結婚なんて、不幸になるだけだよ」とは、かなり耳になじんだ言い回しだが、本当のところ、どうなのだろう。確かに、結婚するには愛があったほうが良いに決まっているし、心躍る恋の末に、恋愛した相手と協力しながら生活するのは、それなりに快いに違いない。だが、一般的に考えられている届けを出しての「婚姻」はあくまでも法的な関係であって、そのステージにあっては、「恋愛」の力はほとんど発揮されることがない。

　この道筋はむしろ、逆に考えた方がよいだろう。社会の仕組みは「家族（夫・妻・子ども）」を単位としてできあがっており、戸籍や労働、税金といったあらゆる事がらが、このユニットを基準として決められている。「婚姻」は法的に「家族」を構成するためのものだから、そのユニットに参加しないことには、社会システムの恩恵を受けられない。だから、現代の社会で推奨されているのは「恋愛」ではなくて、この「婚姻」の方なのである。

　「出産（生殖）」もまた、同じような仕組みを持っているこ

とは、「婚姻」の枠組み以外での出産に対する扱いを考えれば明らかだろう。未婚の女性が出産した場合と、結婚している女性が出産した場合、何にどれだけの差が生じるか。また、離婚した女性がひとりで子どもを育てようとする場合、男性のひとり親家庭の場合とどこが、どのくらい違うのか。

では、「恋愛」が最初に置かれているのはなぜなのだろう。別の問い方をすれば、「恋愛」と「結婚・出産」が直結しているという意識は、「恋愛」をする際に何らかの影響を与えるだろうか。ここにはジェンダーの問題が、非常に強く現われる。なぜなら、社会的に作られた男女役割であるジェンダーにとって、「出産」の部分が「男」と「女」を分ける決定的な一事であるからだ。「女性＝出産」という役割分担を筆頭に、「夫・妻・子」で形成される「家族」ユニット、またその中での「外で稼いでくる夫（父）／内を守る妻（母）」という、ジェンダーによる住み分けが、「婚姻」によって作られるなら、それをもたらす「恋愛」は、現代の社会において、あなどれない前段階となる。

例えば、この関係性においても受動的な立場に陥りがちな女性にとって、「誰と結婚するか」は、「どのような稼ぎの夫を得るか」という問題と同義になり得る。が、一方で、「愛しているから結婚する」というあり方は、逆に、「愛のという名の下に女性の役割を引き受ける」という意味に解釈することもできるだろう。

> 「家族」の定義や法的扱いは、文化や国によって大きく異なる。

次なる「関係性」の可能性とは？

こうして考えてみると、「恋をする」段階ではまだしも無邪気であったものが、「恋愛」となればさらに、いろいろな条件が付随してくることが明らかになる。これらの条件は、私たちを窮屈にすることはあっても、解放してくれることは

「ジェンダー」について考える　052

あまりないようにさえ見える。幸せに生きていくためならば、現在の仕組みを受け入れ、それに限りなく順応し、同化していくほかないのだろうか。

いや、ジェンダーの概念と同様、社会もそれなりに変わっていくものだ。

例えば、先ほど武田の文章を引用したが、著者はその直後に「じつは、異性愛体制の中で、女が欲望されなければならない対象として構造化されているように、男も欲望しなければならない主体として構造化されているにすぎないのではないか」とし、「男も、まなざし、欲望する主体であると同時に、まなざされ、欲望される対象であってもいいのではないか」（同 p.368）と指摘していることも忘れてはいけない。

例えば、フランスには「性別に関係なく、成年に達したふたりの個人の間で、安定した持続的共同生活を営むために交わされる契約」（通称「PACS＝連帯市民協約」）という結婚とは異なる仕組みがあり、2013年には、同性間結婚も法的に認められるようになった。

次なる「関係性」は無限だ。性的指向に関する偏見が、もっともっと薄まっていけばなおさらのことだ。

用語解説 ── さらに深く知りたいあなたへ ──

1. レズビアン連続体
もとより、「恋」や「恋愛」は男女という異性間にのみ発生する現象ではない。レズビアンやゲイというあり方は、性愛のヴァリエーションとして認識され得る。しかし、一般的に、ひとを対象とする「恋」や「恋愛」関係を想定するとき、それが「男女間」に起こるものという思い込みは根強く、レズビアンやゲイは、何かしら特別かつ異常なものとして排除されることが多い。この「特別視」こそが、同性愛を嫌悪する「ホモフォビア」の原点であり、「異性愛主義」を絶対視する社会の仕組みの根底にある。この構造について、アメリカのフェミニスト詩人アドリエンヌ・リッチ Adrienne Rich は、自然で個人的な「好み」とされる「異性愛」は、社会によって政治的に押しつけられている「強制的異性愛」であると看破する。リッチはまた、この強制された異性愛に対抗するものとして、男性による支配から逃れ、女性同士の心身共に包括的な連帯＝レズビアン連続体を提唱した。

2. サイボーグ
テクノロジーは、人間の身体と性の問題にどのような影響を及ぼすのか。例えば**生殖技術**やクローン技術は、子どもを持ちたいと思いながら持てない人々に希望を与える一方で、持たない人々を糾弾する武器ともなり得る。このように、生身の人間に介入してくるテクノロジーは、自己の身体をめぐる決断を、待ったなしの形でつきつけるのだ。もとより、私たちの身体は、私たち個人のものではない。特に女性は産む性であるゆえに、その身体は自己よりは社会に属するものとして扱われることが多い。女性の身体を自分の手に取り戻すことが、第二波フェミニズム運動の主たる目的のひとつであったことは、そのことを雄弁に語るだろう。「サイボーグ」とは、ダナ・ハラウェイ Donna Haraway が1980年代に提唱した「有機体と自然、機械と文化のハイブリッド」のことで、「永遠に未完のアイデンティティ」を持った身体のことであると言う。その「未完」性はだが、個人を自由にしてくれるのか、それともさらなる管理の下に縛り付けることになるのだろうか。いずれにしても、新しいテクノロジーの登場は常に、私たちの「生身」の身体とは何か、を問いかけてくる。

文献案内 ── さらに・さらに深く知りたいあなたへ ──

竹村和子『愛について──アイデンティティと欲望の政治学』, 岩波書店, 2002年
加藤秀一『〈恋愛結婚〉は何をもたらしたか──性道徳と優生思想の百年間』, ちくま新書, 2004年
森岡正博『感じない男』, ちくま新書, 2005年
村山敏勝『(見えない)欲望へ向けて──クィア批評との対話』, 人文書院, 2005年
中村隆文『男女交際進化論──「情交」か「肉交」か』, 集英社新書, 2006年
井上章一編『性欲の文化史』1・2, 講談社, 2008年
木村朗子『恋する物語のホモセクシュアリティ』, 青土社, 2008年
森岡正博『草食系男子の恋愛学』, メディアファクトリー, 2008年
谷本奈穂『恋愛の社会学──「遊び」とロマンチック・ラブの変容』, 青弓社, 2008年
井上泰至『恋愛小説の誕生──ロマンス・消費・いき』, 笠間書院, 2009年
永田守弘『教養としての官能小説案内』, ちくま新書, 2010年
河口和也／風間孝『同性愛と異性愛』, 岩波新書, 2010年
武田悠一『読みの戦争──現代批評のレトリック』, 彩流社, 2012年
アドリエンヌ・リッチ『血、パン、詩』, 大島かおり訳, 晶文社, 1989年
ダナ・ハラウェイほか著『サイボーグ・フェミニズム』, 巽孝之／小谷真理訳, 水声社, 2001年

第六章

フェミニズム・ジェンダー理論とその展開

　ここまでの章では、「ジェンダー」という概念をめぐるさまざまな問題に関する考察を深めてきた。自分の「ジェンダー」がどのように構成されているのか、また、それが内面化される過程や、押しつけられたジェンダー役割への反発など、感じたこと、考えたことも多いだろう。
　ここからは、次の段階へ移ろう。
　「ジェンダー」という概念（ものの見方、と言い換えてもよい）を頭の隅に置きながら、私たちが日ごろ何気なく使っていることばや、何となく読んでいる書物の内容を観察してみる、という段階である。
　大げさでも何でもなく、世界はことばでできていると言ってよい。私たちはものには名をつけないと認識することすらできないし、ましてやそのものについてことばを解さずに説明することなど、決してできない。ものについてのみならず、ひととの関係性についても同様である。ことばがあるからこそ、私たちは思考できるのだし、ひとと何かを共有することができるのである。書物に記されたものは、何かを伝達するものであるが、人間が長い間にわたって蓄積してきた思考の結晶でもあろう。ことばはこうして、話され、語られ、書き留められることによって、私たちの思考を鍛え、作り上げてきたのである。
　ことばや書物はまた、私たちの変化を写す鏡のような存在でもある。例えば、同じ日本で使われる言語であっても、江戸時代のそれと現代のそれでは大きく変わっているし、社会

の変化に応じて作り出されることばや表現も数知れない。また、書物についても時代によって、さまざまな形態とジャンルとが生み出されては継承されたり、中には消え去ったものもあるだろう。だが、文字で書かれたものは常に私たちの前にあり、これからも残っていくに違いない。

　本書が考察の対象にするのは「言語と文化」の領域であるが、それは主に、言語についての認識や運用の問題と、「文学」という名のものとにまとめられる作品群のことである。このような分野の事がらを考えたり研究したりするのに、「ジェンダー」という概念がどのように貢献してきたか。本章ではそのあらましを示し、後半の第二部への助走としたい。

フェミニズム批評

　すでに述べたとおり、「ジェンダー」の概念は「フェミニズム」の考えや活動の中から生まれてきたものである。文学の仕組みについて考える「理論」や「批評」についても、同様のことが言える。まず、「フェミニズム理論」を使って、文学のあり方や内容について検証する「フェミニズム批評」が誕生し、その後、「ジェンダー批評」や「クィア批評」などへと受け継がれていく。したがって、話は「フェミニズム批評」から始めるのが良いだろう。

「文学」と女性

　ここでまず確認しておく必要があるのは、「文学」（書き手・読み手・作品・出版・流通・歴史観などさまざまな要素を含む）は基本的に男性によって作られ、運営され、流通してきたもので、性別の偏りが極めて顕著な分野であった、ということである。戦後も70年近く経った現在では、

女性作家の割合は上昇したし、読み手の性別が極端にどちらに偏るか、というようなことはないが、つい半世紀ほど前までは、作り手としても受容者としても、女性は極めてマイナーな存在だったのである。それゆえ、「文学」に「性」による偏りがあるかどうかということは、問い直されることすらなかった。英語の «man» やフランス語の «homme» が「男」であると同時に普遍的な「人間」を指し、「女」の存在を隠してしまうように、「文学」もまた男性によって作られるのが常識とされていたため、そこでの「女」の働きはごくまれな例外とされ、「女」の描かれ方は、書き手である「男」によって決められるものであった。

　それにはもちろん、いくつもの理由がある。「文字」が何を書き記すためのものであったかを考えれば、おのずと思い当たることがあるだろう。国の歴史、宗教の教義、政治や外交のための文書、村落の管理運営のための書類、書簡、などなど。これらがすべて、「家父長的社会」を成立させていた要素であることを思えば、「書くこと」と、男性中心主義社会とは密接に影響し合い、互いに支え合っていることがわかる。

　「文字」の使い手が男性であれば、当然、「文学」の担い手も男性ということになる。「文字」を習得させるための教育も重要な問題であろう。日本に限らず、多くの国において、

識字教育はもちろん、女性が教育にアクセスする権利そのものが、男性に比べて著しく制限されていた。要するに、「文字」によって成り立つ世界は男性のものであって、女性はそこから排除されるだけでなく、いることさえ無視されてきたと言えよう。もちろん、平安時代の物語文学など数少ない例外はある。しかし、例外は例外にすぎない。本流でもなければ、メジャーにもなれない。

「フェミニスト批評」と「ガイノ批評」

これに疑問を呈したのが、『性の政治学』を書いたケイト・ミレット（19ページ参照）をはじめとしたフェミニスト文学者たちである。

彼女たちはまず、世界には、そして「文学」の中には女がいるのに「無視をするにもほどがある！」との怒りをあらわにする。ひとつ目の戦略（「フェミニスト批評」）として、これまで男性作家が描いてきた多くの女性像や女性観を取り上げ、それがいかに男性中心主義的な視点で書かれているかを暴き出し、攻撃する。「あなたたちの書いている女は、私たちが知っている女ではない」とか、「あなたたちの女性の扱いは、差別的であり、なっていない」など。この攻撃の目的は、「女」の描かれ方の実態をまずは明らかにすることであり、そうした描かれ方が続けられることで女性は害を被ってきたのだと、口に出すことであった。この流れは日本にも届き、駒尺喜美の『魔女の論理』（1978）や上野千鶴子・小倉千加子・富岡多恵子による『男流文学論』（1992）に結実した。

だが、この種の攻撃はインパクトの面で一定期間は効力があっても、長続きすることはない。そこで、ふたつ目の戦略（「ガイノ批評」）が提案される。これまでの「（男性）文学」にあっては、抹殺されたり無視されたりしてきた**女性作家**にスポットを当て、不当な評価を覆したり、作品の読み直しを

行おうとするものである。この活動はまた、「文学史」は基本的に、男性によって編さんされ、男性作家の作品を扱ってきたものであるから、「女性による、女性の文学史」の再編さんを企図するものでもあった。

「ガイネーシス批評」
　批評理論の変遷の中で、さらに別の動きが1980年代に現われる。
　「ガイネーシス」とは「女性的なるもの」というような意味合いで、「女性性」であったり「女性特有のもの」であったりを理論の中核に据えるのが、この「ガイネーシス批評」の特徴である。
　フランスの言語哲学者ジャック・デリダ Jacques Derrida が提唱した「脱構築」に基づく「脱構築批評」（西洋思想において中心的な思考パターンである「二項対立」の中に序列の観念があることを指摘し、その上下関係をかく乱し、転倒させようとする）や、ジークムント・フロイト Sigmund Freud を始祖に、ジャック・ラカン Jacques Lacan などによって練り上げられた「精神分析」の手法を援用する「精神分析批評」などの影響を受けながら、いずれの場合も「下位」あるいは「他者」に位置づけられていた「女性（性）」の回復を求めると同時に、その豊かさを強調する。
　フランスのジュリア・クリステヴァ Julia Kristeva、エレーヌ・シクスー Hélène Cixous、リュス・イリガライ Luce Irigaray らが代表的な理論家とされ、シクスーが提唱した「エクリチュール・フェミニン écriture féminine」は、それまでの男性原理とは全く異なった文体を、女性の身体を通じて表現するという、新しい「書き方 écriture」を模索するものであった。このような流れがアメリカでは、「フレンチ・フェミニズム」として受容されていった。

「女性」であること

　これらフェミニズム批評において共通しているのは、批評の主体が「女性」でなければならないという点である。「ガイネーシス批評」の場合は特に、これまでの男性的思考方法を排除し、女性らしさや女性同士の快楽を称揚し（ただし、このことは、「母（性）」の特権化やゲットー化につながる可能性もある）、女性特有の文体や書き方を目指すため、主体も客体も方法にも、男性の影が差すことを想定しない。

　このような方法論が、果たしていつまで有効だろうか。「女性」であることに特化することに、果たして危険はないのだろうか。結局のところ、今までと変わらず「男」と「女」を分けているのなら、それは「本質主義」ではないのか。次に解くべき問題は、このあたりに存在する。

「ジェンダー」理論の展開

　「ジェンダー批評」は大まかに言って「ジェンダーの概念に基づく批評」のことだが、何か特別で唯一の方法論が存在するわけではない。それどころか、何か（特に、男女という性に関すること）に揺らぎを与えたり、かく乱を起こしたりする企てを根本に持つこの概念は、それ自体が定義されることを嫌い、形をどんどん変えていく。よってここでは、「ジェンダー」を導入することをきっかけに生じたさまざまな考え方や、取り組み方を広く取り扱うことにしたい。

　まず、「ジェンダー」という概念が、批評や研究に持ち込んだものは何だろうか。大きく分けて三つの貢献を指摘すると、ひとつ目は、「性」が本質的で一元的なものだという考えを、反転させた点だろう。ここまで見てきたとおり、「フェミニズム批評」は根本的に「女性」を問題にする態度を貫いており、「女性」が語ること・書くこと・主張すること、が

重要であった。だが、「ジェンダー」は「男」や「女」という性別は歴史的に構築されたものにすぎず、主体がどの性をどのように身につけ、発揮するかは、全く流動的なものだ、との見方を提示した。これによって、語る主体も検討されるテクストにおいても、特に「女」であることが問題ではなくなる。

　もちろん、このことは、歴史的に構築されてきた「女」という性が、いかなる抑圧を受けてきたかを無視することを意味しない。むしろ、作り上げられてきた「女」という性に、「男」がどう関わってきたかを問うことで、男女の非対称性と、その影にひそむ政治性を明らかにするきっかけとなるだろう。さらに、それまでほとんど問われることのなかった、「男」とは何か、「男性性」はどのように構築されるのか、といった視点を持ち出すことも可能になる（「男性学」や「男性性」の研究）。普遍的な「男＝人間」の位置から、「女」と同じ「性」ある存在へと「男」を移行させることは、社会における「男」の意味を再発見させることになる。

　ふたつ目は、「性」の問題に、歴史的な視点を導入できたことである。歴史学者のジョーン・W・スコット Joan Wallach Scott は『ジェンダーと歴史学 Gender and the Politics of History』で使用する「ジェンダー」の語を「性差に関する知」と位置づけ、次のように説明する。

　　私は知という言葉を、ミシェル・フーコーにならって、さまざまな文化や社会が人間と人間の関係について——この場合には男と女の関係について——生み出す理解という意味で用いている。こうした知は絶対的でも真実でもなく、つねに相対的なものである。こうした知は、それ自体が（少なくともある意味で）自律的な歴史をもつ大きな認識の枠組みのなかで、複雑方法によって生み出される。

（ジョーン・W・スコット『ジェンダーと歴史学』［増補新版］,
荻野美穂訳, 平凡社, 2004年, pp.23-24）

　「性」を固定されたものとし、そこから生じる「役割」もまた永遠不変のように扱う言説を見直し、時代や場所によってさまざまに作り出されては改変されていくものだと位置づけること。それが「ジェンダー」という概念によって可能になった射程である。
　三つ目は、「性」や「性別」および「セクシュアリティ」の多様性を見えるようにした結果、それまで見すごされるか、異常なものとして排除されてきた「同性愛」を重要なファクターとして取り上げるようになったことである。「男女間」に特権的に現われるとされる「恋愛」や「性愛」が、「同性間」にあっても可能であるばかりか、文学作品にはそのような事象があふれ、多様な人間関係の礎になっていることを、「ジェンダー批評」は解き明かす。このような取り組みは、「クィア」の概念を用いて「クィア批評」と呼ぶこともある。

「ことば」と「ジェンダー」

　ここからは、具体的にいくつかの研究の取り組みと成果について考えてみよう。まずは、「ことば」と「ジェンダー」について、次の問いかけに答えてみてほしい。

考える時間 6-1
1　ある小説を翻訳しているとします。次の台詞がでてきたとき、あなたはどのように訳しますか？　その結果について、気がつくことをまとめてください。

It's mine.

It's my car.

They are my earrings.

2 この文を訳してみましょう。ただし、指定された場面にそって、ということにします。その結果について、気がつくことをまとめてください。

Wait a moment (please).

母親が幼稚園児に向かって／幼稚園児が父親に向かって

女性店員が女性客に向かって／男性店員が女性客に向かって

夫・彼氏が妻・彼女に向かって／妻・彼女が夫・彼氏に向かって

　こうして考えてみると、英語と日本語の違いもさることながら、日本語でもシチュエーションによって、さまざまな使い分けがされていることがわかるだろう。例えば、日本語には「女ことば」と「男ことば」という通念があるが、さて、その実態はどうだろう。「〜だわ」や「〜よね」は、「女ことば」に特有の語尾とされ、「〜だぜ」や「〜だろ」は「男ことば」の典型とされるが、これらの表現が、果たして普段の生活で使われているものかどうか。とは言え、性別を問えば、明らかにどちらかに偏って現れる語尾や言い回しというのも

「ジェンダー」について考える　064

確実に存在するわけで、ことばの運用実践とジェンダーには、非常に強いつながりがあることがわかる。

　第一章でも述べたように、「ジェンダー」の概念は、「もともと」ある「自然」なものは客観的事実であり変えることができないという考え方（「本質主義」）を問い直すことから出発している。「本質主義」に対する立場が「構築主義」であり、「性」に関して言えば、「性別」は生物学的に変えられないもので、人間は生まれたときからその性の特徴がインプットされており、発現するのが当然だ（「本質主義」）と、社会的・文化的・歴史的・心理的に身につけられるもの（「構築主義」）となる。同じ「構築主義」の立場であっても、「ジェンダー」の視点から物事を考える際には、ひとが社会の中で自分が置かれた立場や環境、学習などによって、何をどのように身につけていくかを観察し、理解すること（「解釈的」なアプローチ）に留まるのではなく、そうした現実の背後にあるものを暴き、変更の可能性を提示するというスタンスを採用する。

　ことばと「性」について考える際にも、「ジェンダー」の視点は有効に働くであろう。例えば、言語学者の中村桃子は、「本質主義」と「構築主義」の違いについて、「本質主義」は、「女／男だから」という性別を含む「アイデンティティを属性のようにとらえて、ひとはその属性に基づいて言語行為を行う」と考える立場であり、他方の「構築主義」は、「〈女／男〉というジェンダーを、属性ではなく、言語行為によって作り上げるアイデンティティ、つまり、「ジェンダーする」行為の結果だとみなす」立場だと説明する（中村桃子編著『ジェンダーで学ぶ言語学』, 世界思想社, 2010年, pp.9–10）。

　中村はまた、話し手の主体がどのように構成されるのかを考察するにあたり、「言語資源」という概念を提案する。

　　私たちが言語行為によってさまざまなアイデンティティを表現しているとすれば、社会には言語行為に先

立ってアイデンティティを表現するための材料、つまり、言語資源があることになる。そのひとつに、特定の言葉づかいと特定の集団の結びつき（「指標性」と呼ばれる）がある。［…］私たちは、さまざまな年齢・職業・出身地域・階級の集団と結びついた言葉づかいの知識を持っていて、これらの知識を資源として利用することで、さまざまなアイデンティティを表現する。　（同pp.11–12）

　すでにある「言語資源」を使わなければ、私たちは何も表現することができない。だが、制約があるゆえに、そこから離れようとする力も働く。ことばの変化やジェンダーとの関わりをこの概念を持って考えると、これまでとは違ったことばへのアプローチが可能になるかもしれない。

「ホモソーシャル理論」

　次に、文学作品とジェンダーについて、とりわけ、文学がホモセクシュアルをどのように扱ってきたかを考察してみよう。その際に非常に有効なのが、イヴ・セジウィックEve Sedgwickが文学作品分析に導入した「ホモソーシャルhomosocial」という概念である。

　セジウィックのユニークな点は、その出発点が「同性愛嫌悪＝ホモフォビアhomophobia」現象とそのメカニズムの解明にあったところだろう。社会におけるジェンダー構造を見てみると、同性同士が集合し、連帯して生活していることが多い。男性は外の世界で徒党を組み、自分たちだけの親密な活動場所を持っている。例えば、軍隊やある種の企業体、青年たちのスポーツクラブなどを思い浮かべることができるだろう。その集団において、男性たちはお互いを信頼し、名誉を分かち合い、ときには仲間のために献身的に奉仕する。

「ホモセクシュアル」と「ホモソーシャル」

　しかし、この関係性はあくまでも精神的、かつ政治的な連帯であって、性的な官能性を伴う「ホモセクシュアル homosexual」とは一線を画す。それどころか、「ホモソーシャル」関係を尊ぶ男たちの価値観の中には、当然のごとく「ホモフォビア」が含まれる。同性同士の絆を称揚する「ホモソーシャル」と、同性同士の性愛を根拠とする「ホモセクシュアル」には、実は、それほどの隔たりはないはずなのに、狭い溝のこちら側と向こう側では、見える景色が全く異なる。「ホモソーシャル」は高く評価されるのに対し、「ホモセクシュアル」の側には「異常」と「変態」のレッテルが貼られて、バッシングの対象になるのだ。

　そもそも、なぜ「ホモセクシュアル」が「ホモソーシャル」から区別されなければならないのか。セジウィックはそれについて、「男性中心の親族体系には「強制的異性愛」が組み込まれている、あるいは異性愛結婚という父権的な制度においては、同性愛は必然的に嫌悪されることになっている」とし、「人間のセクシュアリティを構成している要素のうち、同性愛的要素を抑圧すると、同性愛者を迫害することになる。それはまさしく……女性を支配する法と関係のシステムの産物なのである」と、ゲイル・ルービン Gayle Rubin を引用する（イヴ・K・セジウィック『男同士の絆──イギリス文学とホモソーシャルな欲望』、上原早苗／亀澤美由紀訳、名古屋大学出版会, 2001年, p.4）。

　男と女が結婚し、性行為をし、子どもを持つという手順を繰り返す「異性愛結婚」の仕組みからは、男性同性愛が切り出され、嫌悪されることが必要になるが、それと同時に男の子を産む存在としての女性が必要とされ、その立場は固定されなければならない。セジウィックがホモフォビアについて述べる際、ルービンのこの箇所を引用するのは、男性同性愛者の迫害と、女性の男性による支配とが、同じシステムの中

の欠かせないファクターであると認識しているためであり、その意味において家父長制は、同性愛者にとって迫害者として立ち現れるのと同時に、女性をヒエラルキーの下部に据えることで成立していると言えるのだ。

「男同士の絆」と「女」の立場
　ここからセジウィックのふたつの試みが始まる。ひとつは、「ホモソーシャル」と「ホモセクシュアル」が、潜在的には連続していることを暴き出すことである。「ホモソーシャル」な関係を強調する人々は、「ホモフォビア」を自らのレッテルとして強く主張することで、「ホモセクシュアル」な欲望を隠蔽し、回避しようとする（あるいは、「温存」と言ってもよいかもしれない）。なぜ、隠蔽し、回避しなければならないかを、セジウィックは多くの文学作品の中に読み解こうとするのである。
　ふたつ目は、女性が置かれる立場の検討である。男性同士の間の深い絆である「ホモソーシャル」関係にとって、女性は部外者であり、一見無関係のように思われるかもしれない。しかし、異性愛結婚を基本とする家父長的社会においては、子を産むものとして女性の存在は欠かせない。セジウィッ

クは、その役割を「交換財」であるとし、「女性の交換とは、男同士の絆を揺るぎないものにするために、女性を交換可能なおそらくは象徴的な財として使用し、その根源的目的を達成する」（同 p.38）と説明する。つまり、家父長的社会を支える「異性愛結婚」は、「男と女」によって成り立っているものではない。それは「男と男」が紡ぎあげる関係性を前提に、女を内包するシステムだということであり、こうした構造がある限りホモソーシャルな欲望は、社会システムを支えながら自らも生き残ることが可能になる、というのだ。

考える時間 6-2

何でも良いですので、小説作品をいくつか選び、その中の人物構成を分析してみてください。男女の配置はどうなっていますか。「ホモソーシャル」関係を見出すことは可能でしょうか。

　セジウィックは「クィア批評」の推進者とみなされることも多い。なぜなら、多くの小説作品の中に、それまで存在を考えもしなかった「男性同士」の深い愛情（性愛のニュアンスも含む）を取り出し、「ホモセクシュアル」がいかに抑圧されてきたかを明らかにしたからである。だが、「ホモソーシャル理論」の果たした貢献は、それだけにとどまらない。「親密な男2×女1」という構造を根底に持つ関係がいかに多いか。こうした場合、女性がどれほどむごい扱いを受けるか。男性間の絆の称揚が、そのままそっくり女性への軽視へつながって見えるさまを、私たち読者は多くの文学作品に見出すことができるのだ。

> 「ポストコロニアル理論」

　つぎに、「ポストコロニアル」の考え方と、ジェンダーの問題がどのように関係するか。また、このふたつをリンクさせた結果、どのような批評が可能になったかについて、検討してみよう。

　「ポストコロニアル」とはもちろん、第二次世界大戦後、帝国主義的列強国の支配を受け植民地となった場所にいた人々が独立した状況を指し、その後、支配下時代の影響がどのように残存したり、解消されたりしていくか、といった過程の問題を扱うようにもなった。それが、1980年代に入ると、脱構築主義やポスト構造主義といった思想潮流ともあいまって、「ポストコロニアル理論」というものを形成するようになる。この理論の中核には、中心としての西洋と、周縁としての非西洋という構造を明らかにし、後者の側に視点を移す働きがあると言ってよいだろう。

　これを女性の問題と関連づけたのが「ポストコロニアル・フェミニズム」で、「支配―被支配」の関係を、「帝国主義＝男性中心主義」（支配者側）と「植民地＝女性」（被支配者側）という構造に反映して読み解こうとしたものである。この視点の導入は、世界的に大きなインパクトを与えたが、中でも、最も強い影響力を示しているのは、ガヤトリ・スピヴァク Gayatri Spivak であろう。自身がカルカッタ生まれで、アメリカの大学で学び教鞭をとるスピヴァクは、インドの従属階級である「サバルタン」の女に注目し、「植民地の従属階級に属する女たち」が何重にも抑圧され、存在を示すことばさえ奪われる様を詳細に分析している。

　「西洋・白人・男」ではない者、としての語りを模索するトリン・T・ミンハ Trinh T. Minh-ha は、映像作家であり音楽家であり、民族学者、女性学者でもある。ポストコロニアリズムとフェミニズムについて論じた『女性・ネイティヴ・

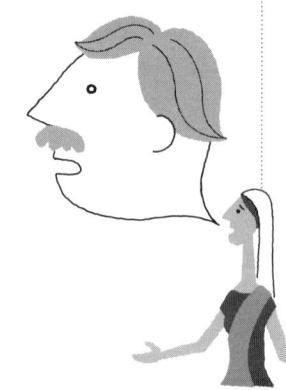

他者』は、「有色の」「第三世界の」「女」が「書く」ことについて、極めて詳細に状況を分析し、かつ、ネイティヴの女の語りの可能性を模索する。そこには平易なことばでの問いかけが満ちあふれ、そのシンプルさゆえに、読み手のアイデンティティと社会的立場を深く揺るがす。

「西洋」と「非西洋」という対立構造を強調する態度は、「西洋の女」と「非西洋の女」の違いを明らかにすることにつながる。「フェミニズム」の推進者が常に欧米の女たちであったとするならば、それは「西洋のフェミニズム」にすぎないことになる。人種や階級、社会階層、生育環境などを考慮に入れれば、「女」を均一のカテゴリーとみなし、問題を一挙に解決することなどできないことが明らかになる。このことは、女性同士のつながりや連帯に、深刻な亀裂を生じさせるきっかけにはなるが、それに留まることもない。違いを認識することができれば、そこに生じる差異を相対化していくことによって、視界をさらに遠方へと開いていくことができるからだ。

考える時間 6-3

『愛人——ラマン』（ジャン＝ジャック・アノー監督）や『Mバタフライ』（デヴィッド・クローネンバーグ監督）など、「西洋人／非西洋人」とジェンダーが関わる映画作品を観てみましょう。男女の描かれ方をどう考えますか。

「少女」・「少年」を考える

ここまで見てきたとおり、「女」と「男」という性を、歴史的・文化的・社会的に構築される「ジェンダー」だととらえる視線は、ものの考え方や見方を大きく変える可能性を秘めている。「少女」や「少年」という、これまであまり注目されてこなかった存在に対して、深く広い関心が払われるようになったことは、そうした変化の代表的な例と考えることができるだろう。

「男」と「女」が社会的に作られていく存在であるなら、そのごく初期にあたる「少年期」や「少女期」に注目するのは理にかなっていると言えるだろう。どのような子ども時代を送るのか。どのような人間関係の中で生活し、どのような教育を受け、どのような「大人」になることを目指すようになるのか。こうした事がらはすべて、ジェンダー的側面を含む個人の人格形成を考える上で、非常に重要な問題であろう。

「少女」の文化

ではまず、「少女」に関する研究を概観してみよう。すでに述べたとおり、日本では明治時代以降、第二次世界大戦終了まで、男女は別学のシステムの下で教育を受けていた。小学校を終えた「少女」たちは、「女学校」という環境の中で「少女文化」とも言えるものを育んでいく。菅聡子編の、その名も『〈少女小説〉ワンダーランド——明治から平成まで』は、そうした日本に独特の「少女文化」の特徴を端的に伝えてくれる。例えば「少女文化のキーワード」と題された章に並ぶ項目を見れば、そのおおまかな内容を理解することができるだろう。以下に、事項として採用されている見出し語を引用してみよう。

「女学生」・「寄宿舎」・「S（エス）」・「少女愛」・「少女マンガ」・「BL」・「ゴスロリ」・「人形（愛）」・「少女歌劇」・「ファンシーグッズ」・「占い・おまじない」・「海外少女小説」・「少女小説レーベル」

（菅聡子編『〈少女小説〉ワンダーランド——明治から平成まで』、明治書院、2008年より）

　このうち、「女学生」・「寄宿舎」・「S（エス）」は、「女学生文化」から発したものととらえることができるだろう。「女学校」に通う「女学生」たちは、彼女たちの間に醸成される親密な一対一の関係を、「S（エス）＝「シスター」の頭文字」と名付け、女学生時代から結婚するまでの短い間、そうした関係から生じる甘美な感情の揺れ（熱愛・崇拝・苦悩・嫉妬、など）を享受していたのである。この時代、『少女世界』や『少女画報』などの少女向けの雑誌に掲載された「少女小説」にとっても、「S（エス）」は重要かつ効果的な題材であった。吉屋信子の代表作である『花物語』などは、まさにその好例であろう。こうして作品に描かれることにより、「S（エス）」は美化され、憧れの的となり、少女たちの心を震わせ続けたのである。

「女」が書く・「女」が読む

　「少女小説」と言って思い浮かぶのは、英米の作品であれば、例えば『若草物語』や『赤毛のアン』のような小説であろう。日本の場合には、先にあげたような、少女雑誌に掲載された作品や、現代のコバルト文庫シリーズなどをあげるひともいるだろう。かように広い射程を持つ「少女小説」は、内容的にも、書き手や読み手についても、「これこれこのようなもの」と定義することが難しい。

　だが、「少女小説」について、それが主に、「女性が」「女性の読者に向けて」「少女」を主人公として書いたものである、という特徴をあげることはできるだろう。これは「少女小説」だけではなく、「少女マンガ」や「BL（ボーイズ・ラブ）」についても同様のことが指摘できる。明治・大正期の「少女小説」の場合、必ずしも書き手の作家は女性に限らないし（川端康成なども、重要な執筆者であった）、「少女マンガ」の書き手も草創期には手塚治虫らがその筆頭であった。だが、これら「少女」にあてて発信された作品群は、需要者である彼女らがそれらの物語に熱中し、影響を受け、次世代の書き手になるという系図を生み出し、そのことによって一大ジャンルを形成するに至ったと言える。

　男性同士の恋愛を描いた「BL」には、この特徴が最も深く刻印されていると考えられる。「少女マンガ」の書き手である萩尾望都、竹宮惠子らが先陣を切り、後に雑誌『JUNE』などによって花開いたこのジャンル（「やおい」などとも呼ばれる）は、現在では広い読者層を持ち、マーケットも広がっている。こうした作品を愛好し、男性同士の関係に性愛や恋愛を読み込む女性たちを指して、「腐女子」という造語が作られ、定着してきたこともまた、そのすそ野の広がり具合を示していると言えよう。ただし「BL」は、現実の男性同性愛者たちを描こうとするものではなく、さらに言えば、「BL」の書き手に男性はいないし、読み手としても想定され

ていない(実際に読んでいる男性はいるだろうが、それとこれとは別である)。「女性の書き手」によって、純粋に「女性の快楽」に資するために、「女性の読者」に向けて発信されるものなのである。

「少女文化」の研究
　「少女小説」や「BL」などが、いわゆる「研究」の対象とみなされるようになったのは、ごく最近のことである。「少女小説」というカテゴリーからは少しはずれるかもしれないが、民話や昔話の中に現れる「少女」たち(赤ずきんちゃんや白雪姫など)もまた研究の対象になってよいはずだが、心理学者による分析などはあったものの、重要な研究対象と目されることは最近までなかったのである。フェミニズム批評やジェンダー批評は、忘れ去られ、無視されてきた女性作家たちを目覚めさせたのと同時に、物語中に描かれてきた多くの「少女」たちを発見させ、表舞台に立たせたと考えることもできるだろう。
　ここにあげたような「少女文化」は、日本の「少女」に向けて発信され、彼女たちによって消費されることで成長してきた。「少年」たちと分かたれ、異なる空間を与えられたゆえに生まれ育ったこれらの文化は、戦後70年近く経った現在でも存在感を失っていない。また、日本発の「ファンシーグッズ」や「少女マンガ」は、今や輸出産業のひとつにもなり、海外でも広く受容されるようにもなってきている。これまで「女子ども」のお遊びにすぎないもののごとく軽視されてきたこれらの事象は、ようやく正当なる「文化」、しかも、豊かな土壌を持つ文化として再評価され始めたところである。

「少年」を考えること

　次に「少年」について考察してみたいのだが、その前に、「男」(「男性性」) について考えることについて、その方法と経緯を整理しておかねばならない。なぜなら、ここにもまた、「男女の非対称性」が見出されるからである。

　フェミニズム運動の高まりとともに、「女性について考えること」に取り組む機会は増加し、女性をめぐる問題とその解決を考える「女性学」という学問分野も成立した。「フェミニズム理論」や「女性論」は、内容的にも質的にも大きくすそ野を広げ、さまざまな成果をあげてきた。では、「男性について考える」機会は同様に増加し、男性をめぐる問題とその解決を考える「男性学」は活況を呈したのだろうか。答えはおそらく、「否」である。

　そもそも、人間を観察する行為において、主体は長らく「男性」のみであった。男性は中心にあり、観察する側の存在で、周縁にあり、観察されるのが女性だったのである。したがって、フェミニズム運動の流れに沿って、「女性が女性を」観察する眼差しを見出す以前には、「男性」が一方的に、

自分とは異なる「女」という性を観察し、分析し、対象として扱ってきたのである。それゆえに、「女性」に関する言説はもともと非常に潤沢なのだ。

一方で、男性が男性自身を「性のある」存在（一般化された「人間」ではなく）として対象化することはほとんどなかった。中心にいる存在が、中心にいると認識しているゆえに、自己を対象化することがない（対象化してしまうと、「周縁」との区別がなくなり、優位性が損なわれるから）という事象の好例を、ここに見出すことができる。

男性が男性自身に眼差しを注ぎ、女性もまた男性を観察することができるようになったのもまた、「ジェンダー」というものの見方のおかげである。「女らしさ」が作られるものだとしたら、「男らしさ」も作られるものに違いない。見渡したところ、「女らしさ」に関する言説や研究は、あふれんばかりに存在するのに、「男らしさ」や「男性性」に関するそれは非常に少ないということに気付く。そこからスタートしてきたのが、「女性学」に続いて登場した「男性学」であると言えるだろう。

「男性」一般についての研究がこのような状態であるから、「少年」や「少年文化」についての考察に積み重ねがあるとは言い難い。「少女文化」と同様に、「子ども」のことであるからと注意を払われずにきた側面もあるだろう。それが変化し始めたのもまた、最近のことである。「少女文化」を考えるなら「少年文化」も考えてみよう。「少女」とは全く別に育てられ、教育されてきた「少年」たちは、何を与えられ、何を求められていたのか。明治以降、第二次世界大戦終了までの少年向け雑誌（『少年世界』をはじめとする）などを扱い、当時の「少年」たちがどのように表象されていたのか、何を目的としてそうした表象が選ばれたのか、また、「少年」たち同士が育んでいた親密関係の特徴などをつぶさに見つめ、観察しようとする取り組みも増えてきている。

「らしさ」について、その内容が時代によって変化していく度合いに注目すれば、「女らしさ」より「男らしさ」の方が、より大きな影響を受けやすいとも言える。例えば、戦時中に求められる男性の「らしさ」と、会社社会や家庭生活の中で求められる男性の「らしさ」とを比べてみれば、その落差を想像するのはたやすいだろうか。戦時中のような、男だけの空間・女だけの空間が分別されやすい時期と、それが解消されて同じ空間の中に溶け合う時代とどのように異なるのか。

　現在の社会を見渡すとどうだろう。「24時間働けるビジネスマン」、「企業戦士」がホモソーシャル的会社空間を作っていた昭和は終わり、多くの女性が企業で働き、男女がともに家庭を作り上げる環境になってきた現在にあって、「男らしさ」はどのように定義されるのだろう。「少年」はどのように育てられ、どのようなモデルを与えられるのか。実はそのことも、ジェンダーを考える上で、見逃してはならないポイントなのだ。

考える時間 6-4

「少年雑誌」・「少女雑誌」、「少年マンガ」・「少女マンガ」など、「少女」や「少年」がつく媒体や、「少女」や「少年」を扱った現象について、いろいろと例をあげてみましょう。成り立ちの歴史や内容の変遷について、考察してみるのもよいでしょう。

文献案内 —— さらに・さらに深く知りたいあなたへ ——

・フェミニズム批評やジェンダー批評に関する洋書文献と翻訳

Luce Irigaray, *Ce sexe n'en est pas un*, Editions de Minuit, 1977（リュス・イリガライ『ひとつではない女の性』, 棚沢直子／小野ゆり子／中嶋公子訳, 勁草書房, 1987年）

Sandra Gilbert and Susan Gubar, *The Madwoman in the Attic: The Woman Writer and the Nineteenth-Century Literary Imagination*, Yale University Press, 1979（サンドラ・ギルバート／スーザン・グーバー『屋根裏の狂女──ブロンテと共に』, 山田晴子／薗田美和子訳, 朝日出版社, 1986年）

Julia Kristeva, *Pouvoirs de l'horreur: Essai sur l'abjection*, Edition du Seuil, 1980（ジュリア・クリステヴァ『恐怖の権力〈アブジェクシオン〉試論』, 枝川昌雄訳, 法政大学出版会, 1984年）

Jane Gallop, *Feminism and Psychoanalysis: The Daughter's Seduction*, The Macmillan Press, 1982（ジェイン・ギャロップ『娘の誘惑──フェミニズムと精神分析』, 渡部桃子訳, 勁草書房, 2000年）

Elaine Showalter (ed), *The New Feminist Criticism: Essays on Women, Literature and Theory*, Pantheon Books, 1985（エレイン・ショーウォーター編『新フェミニズム批評──女性・文学・理論』, 青山誠子訳, 岩波書店, 1990年）

Eve Kosofsky Sedgwick, *Between Men: English Literature and Male Homosocial Desire*, Columbia University Press, 1985（イヴ・K・セジウィック『男同士の絆──イギリス文学とホモソーシャルな欲望』, 上原早苗／亀澤美由紀訳, 名古屋大学出版会, 2001年）

Barbara Johnson, *A World of Difference*, Johns Hopkins University Press, 1987（バーバラ・ジョンソン『差異の世界』, 大橋洋一／青山恵子／利根川真紀訳, 紀伊國屋書店, 1990年）

Eve Kosofsky Sedgwick, *Epistemology of the Closet*, University of California, 1990（イヴ・コゾフスキー・セジウィック『クローゼットの認識論』, 外岡尚美訳, 青土社, 1999年）

E. Ann Kaplan, *Motherhood and Representation: The Mother in Popular Culture and Melodrama*, Routledge, 1992（E. A. カプラン『母性を読む──メロドラマと大衆文化における母親像』, 水口紀勢子訳, 勁草書房, 2000年）

Shoshana Felman, *What Does a Woman Want?: Reading and Sexual Difference*, Johns Hopkins University Press, 1993（ショシャナ・フェルマン『女が読むとき　女が書くとき──自伝的新フェミニズム批評』, 下河辺美知子訳, 勁草書房, 1998年）

Joan Wallach Scott, *Gender and the Politics of History*, Columbia University Press, 1999（J. W. スコット『ジェンダーと歴史学』, 荻野美穂訳, 平凡社ライブラリー, 2004年）

・ジェンダーと文学批評に関するもの
駒尺喜美『魔女の論理』, 女性文庫, 1996年（初版, エポナ出版, 1978年）
西川祐子『森の家の巫女──髙群逸枝』, 新潮社, 1982年
水田宗子『ヒロインからヒーローへ──女性の自我と表現』, 田畑書店, 1982年
織田元子『フェミニズム批評──理論化をめざして』, 勁草書房, 1988年
堀場清子編『「青鞜」女性解放論集』, 岩波文庫, 1991年
水田宗子『フェミニズムの彼方』, 講談社, 1991年
上野千鶴子／小倉千加子／富岡多恵子『男流文学論』, 筑摩書房, 1992年
江種満子／漆田和代編『女が読む日本近代文学──フェミニズム批評の試み』, 新曜社, 1992年
飯田祐子『彼らの物語──日本近代文学とジェンダー』, 名古屋大学出版会, 1998年
武田悠一『ジェンダーは超えられるか──新しい文学批評に向けて』, 彩流社, 2000年
斎藤美奈子編『男女という制度』, 岩波書店, 2001年
飯田祐子編『「青鞜」という場──文学・ジェンダー・〈新しい女〉』, 森話社, 2002年
武田美保子『〈新しい女〉の系譜──ジェンダーの言説と表象』, 彩流社, 2003年
水田宗子『二十世紀の女性表現』, 学芸書林, 2003年
小平麻衣子『女が女を演じる──文学・欲望・消費』, 新曜社, 2008年
木村朗子『乳房はだれのものか』, 新曜社, 2009年
菅聡子『女が国家を裏切るとき──女学生、一葉、吉屋信子』, 岩波書店, 2011年
西川祐子『私語り──樋口一葉』, 岩波現代文庫, 2011年
竹村和子『文学力の挑戦──ファミリー・欲望・テロリズム』, 研究社, 2012年
竹村和子『彼女は何を視ているのか──映像表現と欲望の深層』, 作品社, 2012年

・ジェンダーとことばに関するもの
寿岳章子『日本語と女』, 岩波新書, 1979年
井出祥子編『女性語の世界』, 明治書院（日本語学叢書）, 1997年
中村桃子『ことばとジェンダー』, 勁草書房, 2001年
泉子・K・メイナード『談話言語学』, くろしお出版, 2004年
れいのるず秋葉かつえ／永原浩行編『ジェンダーの言語学』, 明石書店, 2004年
日本語ジェンダー学会編（佐々木瑞枝監修）『日本語とジェンダー』, ひつじ書房, 2006年
小林千草『女ことばはどこへ消えたか?』, 光文社新書, 2007年

中村桃子『〈性〉と日本語——ことばがつくる女と男』, NHKブックス, 2007年
任利『「女ことば」は女が使うのかしら？——ことばにみる性差の様相』, ひつじ書房, 2009年
中村桃子編著『ジェンダーで学ぶ言語学』, 世界思想社, 2010年
中村桃子『女ことばと日本語』, 岩波新書, 2012年
Deborah Cameron and Don Kulick, *Language and Sexuality*, Cambridge University Press, 2003 （D. カメロン／D. クーリック『ことばとセクシュアリティ』, 中村桃子／熊谷滋子／佐藤響子／クレア・マリィ訳, 三元社, 2009年）
Sara Mills, *Gender and Politeness*, Cambridge University Press, 2003 （サラ・ミルズ『言語学とジェンダー論への問い——丁寧さとはなにか』, 熊谷滋子訳, 明石書店, 2006年）

・ジェンダーと世界に関するもの
現代英語文学研究会編『〈境界〉で読む英文学——ジェンダー・ナラティヴ・人種・家族』, 開文社出版, 2005年
小川さくえ『オリエンタリズムとジェンダー ——「蝶々夫人」の系譜』, 法政大学出版会, 2007年
Gayatri Spivak, "Can the Subaltern speak?," in Cary Nelson and Lawrence Grossberg (eds.), *Marxism and the Interpretation of Culture*, University of Illinois Press, 1988 （ガヤトリ・スピヴァク『サバルタンは語ることができるか』, 上村忠男訳, みすず書房, 1998年）
Trinh T. Minh-ha, *Woman, Native, Other: Writing Postcoloniality and Feminism*, Indiana University Press, 1989 （トリン・T・ミンハ『女性・ネイティヴ・他者——ポストコロニアリズムとフェミニズム』竹村和子訳, 岩波書店, 2011年）
Zahia Smail Salhi (ed), "Gender and Diversity in The Middle East and North Africa", *in British Society for Middle Eastern Studies*, Routledge, 2010 （ザヒア・スマイール・サルヒー編著『中東・北アフリカにおけるジェンダー——イスラーム社会のダイナミズムと多様性』, 鷹木恵子・大川真由子／細井由香／宇野陽子／辻上奈美江／今堀恵美訳, 明石書店, 2012年）

・「少女」・「少女文化」に関するもの
髙原英理『少女領域』, 国書刊行会, 1999年
若桑みどり『お姫様とジェンダー』, ちくま新書, 2003年
中島梓『タナトスの子供たち——過剰適応の生態学』, ちくま文庫, 2005年
水間碧『隠喩としての少年愛——女性の少年愛嗜好という現象』, 創元社, 2005年

廉岡糸子・近藤眞理子『少女たちの冒険——ヒロインをジェンダーで読む』, 燃焼社, 2006年
川端有子『少女小説から世界が見える』, 河出書房新社, 2006年
斎藤環『戦闘美少女の精神分析』, ちくま文庫, 2006年
杉浦由美子『腐女子化する世界——東池袋のオタク女子たち』, 中公新書ラクレ, 2006年
宮台真司『制服少女たちの選択』, 朝日文庫, 2006年
四方田犬彦『かわいい論』, ちくま新書, 2006年
今田絵里香『「少女」の社会史』(双書ジェンダー分析17), 勁草書房, 2007年
押山美知子『少女マンガジェンダー表象論——〈男装の少女〉の造形とアイデンティティ』, 彩流社, 2007年
坂井妙子『アリスの服が着たい——ヴィクトリア朝児童文学と子供服の誕生』, 勁草書房, 2007年
山田田鶴子『少女マンガにおけるホモセクシュアリティ』, ワイズ出版, 2007年
『ユリイカ』12月臨時増刊号「総特集BLスタディーズ」2007, vol.39-16
渡部周子『〈少女〉像の誕生——近代日本における「少女」規範の形成』, 新泉社, 2007年
石田美紀『密やかな教育〈やおい・ボーイズラブ〉前史』, 洛北出版, 2008年
菅聡子編『〈少女小説〉ワンダーランド——明治から平成まで』, 明治書院, 2008年
飯田祐子／島村輝／髙橋修／中山昭彦編著『少女少年のポリティクス』, 青弓社, 2009年
江黒清美『「少女」と「老女」の聖域——尾崎翠・野溝七生子・森茉莉を読む』, 学芸書林, 2012年
『ユリイカ』12月号「BLオン・ザ・ラン!」2012, vol.44-15
久米依子『「少女小説」の生成——ジェンダー・ポリティクスの世紀』, 青弓社, 2013年
『ユリイカ』7月号「女子とエロ・小説篇」2013, vol.45-9
Jack Zipes, *The trials and Tribulations of Little Red Riding Hood*, Routledge, 1993 （ジャック・ザイプス『赤頭巾ちゃんは森を抜けて』(増補版), 廉岡糸子／吉田純子／横川寿美子訳, 阿吽社, 1997年）
Roberta Seelinger Trites, *Waking Sleeping Beauty: Feminist Voices in Children's Novels*, University of Iowa Press, 1997 （ロバータ・シーリンガー・トライツ『ねむり姫がめざめるとき——フェミニズム理論で児童文学を読む』, 吉田純子／川端有子訳, 阿吽社, 2002年）

・男性論・少年論・男性学等に関するもの
二上洋一（責任編集）『少年小説の世界』, 沖積社, 1991年

伊藤公雄『男らしさのゆくえ——男性文化の文化社会学』, 新曜社, 1993年
小野俊太郎『「男らしさ」の神話——変貌する「ハードボイルド」』, 講談社選書メチエ, 1999年
西川祐子／荻野美穂編『［共同研究］男性論』, 人文書院, 1999年
多賀太『男性のジェンダー形成——〈男らしさ〉の揺らぎのなかで』, 東洋館出版社, 2001年
渋谷知美『日本の童貞』, 文春新書, 2003年
高原英理『無垢の力——〈少年〉表象文学論』, 講談社, 2003年
吉田純子『少年たちのアメリカ——思春期文学の帝国と〈男〉』, 阿吽社, 2004年
四方田犬彦／斉藤綾子『男たちの絆、アジア映画——ホモソーシャルな欲望』, 平凡社, 2004年
熊田一雄『男らしさという病?』, 風媒社, 2005年
田中俊之『男性学の新展開』, 青弓社, 2009年
宮台真司／辻泉／岡井崇之編『「男らしさ」の快楽——ポピュラー文化からみたその実態』, 勁草書房, 2009年
内田雅克『大日本帝国の「少年」と「男性性」——少年少女雑誌に見る「ウィークネス・フォビア」』, 明石書店, 2010年
前川直哉『男の絆——明治の学生からボーイズ・ラブまで』, 筑摩書房, 2011年
田野大輔『愛と欲望のナチズム』, 講談社選書メチエ, 2012年
渋谷知美『立身出世と下半身——男子学生の性的身体の管理と歴史』, 洛北出版, 2013年

Klaus Theweleit, *Männerphantasien I: Frauen, Fluten, Körper, Geschichte*, Rowohlt, 1986 （クラウス・テーヴェライト『男たちの妄想Ⅰ　女・流れ・身体・歴史』, 田村和彦訳, 法政大学出版会, 1999年）

Klaus Theweleit, *Männerphantasien II: Männerkörper. Zur Psychoanalyse des Weißen Terrors*, Stroemfeld Verlag, 1986 （クラウス・テーヴェライト『男たちの妄想Ⅱ　男たちの身体——白色テロルの精神分析のために』, 田村和彦訳, 法政大学出版会, 2004年）

George L. Mosse, *Nationalism and Sexuality: Middle–Class Morality and Sexual Norms in Modern Europe*, University of Wisconsin Press, 1988 （ジョージ・L・モッセ『ナショナリズムとセクシュアリティ——市民道徳とナチズム』, 佐藤卓己／佐藤八寿子訳, 柏書房, 1996年）

George L. Mosse, *The Image of Man: The Creation of Modern Masculinity*, Oxford University Press, 1996 （ジョージ・L・モッセ『男のイメージ——男性性の創造と近代社会』, 細谷実／小玉亮子／海妻径子訳, 作品社, 2005年）

Thomas Kühne, *Männergeschichte–Geschlechtergeschichte: Männlichkeit im Wandel der Moderne*, Campus Verlag, 1996 （トーマス・キューネ編

『男の歴史——市民社会と「男らしさ」の神話』, 星乃治彦訳, 柏書房, 1997年)

・ジェンダーとメディアに関するもの
諸橋泰樹『ジェンダーの語られ方、メディアのつくられ方』, 現代書館, 2002年
大日向雅美『メディアにひそむ母性愛神話』, 草土文化, 2003年
内藤千珠子『帝国と暗殺——ジェンダーからみる近代日本のメディア編成』, 新曜社, 2005年
諸橋泰樹『メディアリテラシーとジェンダー——構成された情報とつくられる性のイメージ』, 現代書館, 2009年
田中東子『メディア文化とジェンダーの政治学——第三波フェミニズムの視点から』, 世界思想社, 2012年

「ジェンダー」を読む

ことばと主体

自分の恋を語り、書くことをめぐる闘争

誰が恋をしているのか
―― 和歌・ことば・主体 ――

自分の恋を語り、
書くことをめぐる闘争

言文一致と自己語り

　書くこととは、まなざしを向けることである。対象への欲望のまなざしは、書くという営為だけに内包されるものではないが、それなしに書くことはあり得ない。

　恋することもやはり、対象に欲望のまなざしを向けることである。そこで問題となるのは、自分の恋愛を書こうとするときだ。恋の相手は、そのひと自身として在るのではなく、〈私〉の欲望のまなざしによって対象化された存在である。あるいは、対象化されることではじめて存在する、というべきかもしれない。けれども、それがそのまま読者に語られるわけではない。自分の恋に言及する〈私〉は、あるときにはそれを誇張し、反対に抑制し、あるいは隠蔽するなどして「かたろう（語ろう・騙ろう）」とするだろう。そこには、恋の相手を対象化して占有することと、自分の恋という対象をコントロールして提示することというふたつの異なる力関係のせめぎあいがある。

　〈内面〉や〈私〉が近代の生み出した制度であり、〈私〉の語る〈内面〉が言文一致体と同時に成立したものであることは、よく知られている。言文一致体以前のさまざまな文体やそれに基づくジャンルでは、〈内面〉を現前に見えるように、あからさまに語ることは難しかった。だが当初、この文体によって〈私〉の〈内面〉を語ることを許されたのは男性だけであった。その主たる担

い手が男性作家たちであったこともあるが、それ以上に、近代日本における書きことばの成立において、そこに埋め込まれた規範が、簡潔さや明晰さや客観性を標榜する男性ジェンダー化された言説に基づくものであったからだ。そして、この文体は成立と同時に、ジェンダー的にはあたかも中性であるかのように装われた。これに対して、擬古文による書簡文などの私的な表現領域には〈女性〉性が振り当てられ、言文一致体の小説や評論文の周縁に位置づけられる。そのような規範を超えて女性が言文一致体で書こうとすることは、「現実の女という性をもつ作者とは分離された主体による表現を実現すること」（平田由美『女性表現の明治史――樋口一葉以前』, p.196）だったのだ。

　言文一致体が試みられようになってから20年以上が経ち、標準文体としての地位を占めつつあった1911年11月に雑誌『青鞜』は創刊された。その創刊号における与謝野晶子の「すべて眠りし女今ぞ目覚めて動くなる」、あるいは「一人称にてのみ物書かばや」（「そぞろごと」）という宣言とともに、女たちは一人称で自らの生を、そして恋を語り始める。晶子の宣言そのものは文語体であったが、『青鞜』の書き手たちは言文一致体など口語文を選択した。だが、先にも述べたように、言文一致体は表面的には中性を装いつつ、本質的には〈男性〉性を付与された言語であったから、自己の生も恋愛もその枠組みから語られることになってしまう。また小説というジャンルを選択すれば、女性主人公が一人称で語る枠組みを採用しない限り、現実の性（書き手の性）と表現主体の性（語り手の性）は切り離さなければならない。このような事態に対して、『青鞜』に集った書き手たちは、既成のジャンルにとらわれない〈私〉を語る文章＝〈告白〉によって、表現主体としての自己を回復し、自己を語る言語の奪還を試みたのであった。

ノイズとしての「私」

　まず〈告白〉評論文の一例として、その領域の代表的な書き手として知られた生田花世（当時は西崎）の「恋愛及生活難に対して」（4-1, 1914年1月）の一部を見てみよう（以下、『青鞜』からの文章の引用は、堀場清子編『『青鞜』女性解放論集』, 岩波文庫, 1991年に拠る）。

　　　多くの女が具体的に男を所有する時に、<u>私は私の男を</u>抽象的に所有する事のできるのを感ずる。多くの女の愛が形而下の生活に生きる時、<u>私は私の愛の</u>形而上の生活を生きることを思う。多くの女の土地に属する男に死滅がある時、<u>私は私の天に</u>属する男の永久の光彩を見る。
　　　<u>私は私の到底女性である</u>事を思う、愛なき生涯は私の堪えられぬ<u>生活</u>である。男を思う事が<u>私の生きる事</u>である。しかし、この男が決して形ではない。　　　　　　　　（同 p.134）

　なんとも生硬で、覚えたての抽象語を組み合わせた出来の悪い作文か、ヨーロッパ語を日本語に直訳したままのような文章だ。けれども、思いとことばが乖離したかのようなぎこちなさが、かえって書き手の前のめりで切羽詰まった様子を表現しているようにも感じられる。若き詩人生田春月がこの文章を読んで感動し、まだ見ぬ花世に求婚したというが、たしかにそのようなエピソードもうなずけるほどの迫真性である。
　上述のような感を抱く理由を表現の中からひとつ指摘するとすれば、それは「私は私の男を」「私は私の愛の」「私は私の天に」のように繰り返される「私」だろう。現代ならば、そして当時の文章語の規範においても、「私」が繰り返される箇所には「自分」が期待されるはずである。この規範を逸脱したノイズ、あるいは軋みのような「私」の繰り返しは、読む者に語り手の声と、その

向こうにいて必死にことばを紡ごうとする書き手の存在を強く意識させる。
　日本語の会話では、「私」など一人称代名詞による自己言及をしないのがふつうだ。〈私〉の現存する具体的な発話の場と結びついた、主観性や方向性などを表示する言語形式によって代替できるし、文脈にゆだねることもできるから、わざわざ〈私〉を対象化する必要はない。だから、「私は」「私の」が使われるのは、ほかのひととの対比や区別など、〈私〉の対象化が必要なときだけである。そのときの「私」は、発話して自己言及する〈私〉と、発話の中で「私」として言及された〈私〉とのふたつに分裂した「現存」が、言語学者エミール・バンヴェニストのことばを借りるならば、「二重に結び合わされている」（「代名詞の性質」『一般言語学の諸問題』所収, 高塚洋太郎訳, みすず書房, 1989年, p.236）。そして、〈私〉を対象化して「私」と表現するとき、それを語り、表現する〈私〉自身も文に介入しているのである。
　「いま・ここ」の発話の場から遊離する書きことば、とりわけ国内に普く通用することをめざした近代日本の文章語は、しばしば行為や所有の主体の明示を要請するから、一人称の語りの場合、〈私〉の分裂と語り手たる〈私〉の文への介入を避けることは難しい。一回的な発話の場に拘束されることのない語りの文章を目指しながらも、「私」を多用する文章は、逆に語り手が「いま・ここ」に存在することを読者に強く意識させるものになってしまうのだ。そこで近代日本の言文一致体は「自分」の再帰用法の機能を広げ、洗練させることによって、自己言及する〈私〉を抑え込み、言及されたほうの〈私〉を読者の前に客体として提示する方法を表現として確立させた。その表現規範にしたがうならば、花世の文章は「私は自分の男を抽象的に所有する事のできるのを感ずる」、「私は自分の到底女性である事を思う」のように書き換えられるだろう。
　「自分」の再帰用法によって、自己言及する〈私〉を抑え込む

とはどういうことか。例えば「自分で解決したかったんですよ」の「自分」は、一人称（話者自身）にも三人称（話者と聞き手以外の第三者）にも解することができる。そこでまず、「自分で」を話者自身と解して、「私が解決したかったんですよ」と比較してみよう。「自分で」の文では、「解決したかった」のは過去の話者自身であって、発話している現時点でそのように考えているとは限らない。一方、「私が」の文は、「解決したかった」過去の〈私〉に発話主体の〈私〉が重なり、発話時点でもそのように考えているかのように解されてしまう。だから、話者の過去に関する事がらを発話時の〈私〉から切り離して客観的に伝えようとするときは、「自分」が選択される。

　「自分で」を三人称で解した場合はどうか。ただし、こちらは、例えば「あのひとが解決したかったんですよ」と比較することは難しい。この文が不自然だからである。そこで不自然になる理由を、自然な「あのひとは［（自分が／自分で）解決したかった］んですよ」と比較しつつ、「自分が／自分で」が必須であることの意味も考えてみよう。自然な文でも不自然な文でも、「解決したかった」主体が話者でも聞き手でもない第三者ということは同じである。問題はその第三者を指して言う「あのひと」（「あいつ」などでも同じこと）が、話者の空間的ないし心理的位置（＝視点）を表出してしまうことだ。このような名詞句は、文の構造上、話者の判断と聞き手への配慮および同意の促しを表出した文末の「んですよ」と同じ階層に位置づけられなければならない。そこで、「あのひと」を〈第三者が解決したかった〉というコトを示す階層（自然な文の例の［　］内の部分）から切り離して「あのひとは」とし、コトの階層の主体を「自分」の再帰用法で表したのが、自然な文というわけである。「［あのひとが解決したかった］んですよ」が不自然なのは、話者の空間的・心理的位置が表出した「あのひと」と、第三者の願望が表出した「（解決し）たかった」が文の同一階層上にあることで、異なるふたつの主体の主観性が衝

突しているからだ。一方、「自分で解決したかったんですよ」は「あのひと」をコトの階層から切り離し、さらに省略したことによって、話者の視点が三人称の人物の視点に寄り添い、その人物の願望を代弁しているように聞こえる。このように「自分」の再帰用法においては、一人称と三人称との間で話者の視点が離れたり寄り添ったりという違いはあるのだが、「いま・ここ」で発話する〈私〉をコトの階層から取り除こうする点で共通する。

　語り手の声を抑え込むためのひとつの方法として「自分」の再帰用法を利用したことで、近代日本の文章語では「私は自分が彼を愛し始めていることに気付いた」（本当の作家はこんなに陳腐な文は書かないが）のような表現が可能になった。文中で「自分」と同定されるために、「私」からはもはや自己言及する主体としての〈私〉の存在があまり感じられず、「彼女」のような三人称とあまり変わらなくなっている。この「私」は、「いま・ここ」で発話している、ほかの誰でもない〈私〉というわけではない。読者が容易に感情移入や自己投影することも可能な、そして誰もが主体となり得る虚構（フィクション）である。

　ここまでやや詳しく、話しことばや言文一致体における「自分」の働きを見てきたが、この観察を経ることで花世がこの語を使用せず、執拗に「私」を繰り返した理由もおのずと理解できるだろう。おそらく彼女は規範を逸脱し、自己言及する〈私〉をノイズのように文章に介入させることで、「一個」の生を、そして恋愛を、「一般」に回収し、馴致させてしまうような、言文一致体の持つ暴力性に抵抗しようとしたのだ。自らを「男」だけでなく、ほかの「多くの女」からも区別していることも、個へのこだわりの証しと言えるだろう。

〈私〉の声を響かせるために

　花世はほかにも「自分」の代わりに「私」を多用した文章をいくつか書いているが、それは言文一致文の作法を知らなかったからではない。むしろ言文一致体のしくみをよく理解し、その上で意識的に語る存在としての〈私〉を前面に押し出していたようなのだ。そのことをよく示すのが、「恋愛及生活難に対して」の一カ月前に発表された「昔の男に対して」（3–12, 1913年12月）である。

　　ふとすれ違う一群れがあった。
　　その中の一人がひとり笑みをして歩く私の顔の前であわてたように大きな顔を見せて、目を笑わして会釈をしてくれるのに気が付いた。
　　その男を私が感じた時、私の心は不用意をおそわれて思わず笑った。そしてこの男にとうどうこの町で出逢ったと自分に話しかけた。男はとおりすぎた。
　　私はふりかえって男を見た。
　　昔の男があそこを歩いている。
　　とうどう逢う事ができた。
　　どうしてあの男はあの眼で笑ったろう。あの会釈した心持が何であろう。
　　まったく三年ぶりに出逢う事ができた。
　　あの眼は昔のあの眼であった。
　　今のこの心はあの男をほしがるであろうか。
　　私は苦しさと珍しさとに燃える心持で、自分にその事を問いかけた。そして私の心が今の出来事をどう始末するか見ようとした。あの昔の男がほしいのであろう。本当にあの男がほしいのであろう。
　　あの男の唇。あの男の声、あの男がのこしていった感覚の記

憶が、今のあの男の眼にかきたてられて騒ぐのを感ずる。私は震えてならない。しかし私は今あの男がほしいのであろうか。<u>私は自分に容赦なく、それをたずねた</u>。（同pp.125－126）

　この文章では、上に引いた「自分に話しかけた」「自分にその事を問いかけた」、「自分に容赦なく、それをたずねた」だけでなく、「私は自分の心に対していいようのない不信を置かねばならないのであった」（同p.127）など、言文一致体の規範に沿ったかたちで「自分」が使用されている。けれども、語り手の存在を感じさせないようにする一般的な言文一致文とは違って、ここでも語る主体としての〈私〉が発話の場から介入している。それを感じさせるのは繰り返される「あの（男）」である。
　語り手は、「私」が町で昔の男に出逢ったことを過去形で叙述する。ただし、全てではない。引用した範囲で言うと、「昔の男があそこを歩いている」から「今この心はあの男をほしがるであろうか」、また「あの昔の男がほしいのであろう」から「しかし私は今あの男がほしいのであろうか」の箇所では、自己言及する語り手は自問する「私」（＝言及された〈私〉）に寄り添い、その心の裡を自らの声によって読者に提示する。語り手はまた、〈いま、ここにいない〉、〈いま、想起される〉対象を指示し、同時に話者の空間的・心理的位置を暗示する指示詞「あの」を繰り返し用いる文を紡ぐことによって、「私」の胸に「今」まさに生起しつつあるさまざまな思いを読者に伝えていく。
　もっとも、自分を棄てた男に偶然出会ったときの「私」の心のざわめきは、容易に分節化＝言語化できるようなものではないだろう。語られた心のありようが読者にとってどれほど生々しく感じられようとも、それは自然の発露のようなものではなく、そのように叙述したいと欲望する語り手のコントロールのもとに構成されたものである。けれども、だからこそ、指示詞「あの」が選択され、使用されたとき、そこには自己言及する表現主体（＝語

り手、書き手）としての〈私〉が表出しているとも言えよう。

　そこで選択される指示詞は「その」ではなく、「あの」でなければなかった。一方、「昔の男に出逢う時、その男は私を見て顔をそむけるに相違ない、そして私の心は更に新しいたちの悪い軽蔑と苦痛とを投げつけられようと思って来た」（同 p.127）が示すように、間接話法でテクスト内の先行詞を直接指示しようとする際には、「この」や「あの」ではなく、「その」が用いられる。また上記の引用中に見える「自分にその事を問いかけた」「自分に容赦なく、それをたずねた」からも明らかなように、ソ系の指示詞は、自らを客観視して叙述するための「自分」や過去形と相性がいい。自己言及するほうの〈私〉を抑えて、「私」を「……と思って来た」と過去形で叙述する文の中に溶かし込むのである。試みに「その男」を「あの男」にかえてみよう。すると、「あの男は私を見て顔をそむけるに相違ない」に、そう思う主体の声が響き始め（つまり、この箇所が直接話法になり）、自己言及する〈私〉が強く顕われるはずだ。

　「昔の男に対して」や「恋愛及生活難に対して」は、語り手の声を抑え込み、表現主体を隠蔽する言文一致体とは正反対を指向している。その語りは読者にノイズや軋みを感じさせる極めて主観的なものなので、誰もがすんなりと共感したり感情移入したりできるようなものではないが、主観を排して真実を語るかのごとく装う、言文一致体の欺瞞に対抗し得る力を有するものではあった。

文体標識としての女性

　『青鞜』に集った書き手たちの中には、言文一致体の規範から意識的に逸脱することで、表現主体として文に介入して〈私〉の声を響かせようとした生田花世よりもう少しスマートに、女性としての標識を持った文体を模索しようとするひともいた。その典

型的な例として、平塚らいてうが画家奥村博との共同生活に入るにあたって自らの決意を母にあてた「独立するについて両親に」（4−2, 1914年2月）を見てみよう。この文章は、女性に振り当てられた表現ジャンルのひとつであった書簡文の形式をとっている。ただし、かつては擬古文的で文末は「候」であることが規範であったが、この文章では文末が敬体（「です・ます」体）の口語文を使用している。

> 私の体質や性格に基く根本生活において恋愛の工程はいろんな意味でかなりに矛盾や不安を伴いますけれど、私はその矛盾や不安の中で、それらに打ち勝ち、それを踏みこたえながら、ふたりの中にひとたび芽んだ愛を枯さないようにできるだけ育てて行こう、どんな風な経路をとって、どんなに発展して、どんな処へ私を運んで行くものか、そして今後どんな未知世界が私の前に開展し、私の思想なり、生活なりがどんなに変化して行くものか一つ行き着くところまで行って見ようと心を極めました。　　　　　　（同 pp.163–164）

口語文だが、簡潔な言文一致体と比較すると冗長でなかなか文が終わらない。この点、むしろ擬古文で書かれた書簡文の特徴を受け継いでいると言えよう。また言文一致体の規範では「自分を運んで行く」、「自分の前」、「自分の思想」とあるべきところが、「私を運んで行く」、「私の前」、「私の思想」となっている。けれども、生田花世のような軋みを感じさせる文体ではない。むしろ、恋愛を含め、これからの生活に前向きな様子がよく表現されている。主体としての〈私〉が前面に出て主観的に語ることが許されるのは、手紙という特定の受信者に向けられた、親密で閉じられた伝達方式ゆえである。ところが、直後に記された、少し内省的なトーンで自己を客観視して語ろうとするところでは、言文一致の語法である「自分」を使用している。

Hはいろんな気兼ねからそれとははっきり申しませんが、若い、生一本な心で同棲したいという強い要求を有っておりますけれど私は自分の共同生活に不適当な、気むずかしい、容易に人と同化しない孤独の性質や、疲れやすい体質を知っていますし、またこういう生活が自分の仕事をする力を奪いはせぬかという不安から容易にその気になれませんでしたが、これもついとやってみることに決心いたしました。（同p.164）

　「独立するについて両親に」は、「結婚もしないで、若い男と同じ家に住むというのはおかしい」という母への返答という形をとりながら、同時に現行の結婚制度が「女にとって極めて不利な権利義務の規定」であることを、不特定の読者に向けて説いている。だからといって、このテクストにおいて公的な意見の表明のほうが私的な自己語りに対して優位に立つというわけではない。両者は連続的であり、相互補完の関係にある。
　女性の恋愛や結婚を束縛する因習道徳への違和感とそのような状況からの独立を、簡潔な言文一致文のみで論じようとするならば、それは生活実感の伴わない中性的な（つまり男性的な）語りになってしまうだろう。娘が母にあてた手紙という特定の発信者と受信者から成る具体的な場を設定し、女性一人称の語り手を立てたのは、この問題を解消するためであったはずだ。その一方で、ある特定の女性による語りのみで文章を構成しようとすると、主観に傾き、叙述内容も個人の経験や感情の域を出ないものとなる。らいてうはこれを女性一般の問題として論じるために、主観を抑制する言文一致の語法を取り込んだのではないか。書簡上での論争とは別に、手紙や日記による自己語りをベースにした文章は『青鞜』でしばしば行われた。
　語り手の存在を秘匿し、その主観性を排することを目指した言文一致体の小説や評論文は、表向きは中性（性の標識を持たない）を装ったものの、実は男性ジェンダー化したものであった。

だから、女性がこの文体で書くということは、現実の性から表現主体を分離して〈男性〉性を付与された言語を獲得することであった。『青鞜』の書き手たちはこれに対抗して、現実の性と表現主体の性を一致させるべく文体を模索したのだが、それは言文一致体が標準文体としての地位を占めつつあった当時にあって、ひとつのアポリアを抱えることになる。それは、表現主体の性を現実の性に一致させて女性の一人称の語り手を立てるとき、性の標識を有するがゆえに、必然的にそのテクストは無徴・無標の言文一致体テクストの周縁に位置づけられてしまうということだ。『青鞜』ではここまで紹介してきたような私語りの〈告白〉的評論文が盛んに行われたが、既存のジャンルにとらわれないそれらの文章も『青鞜』の外部の文脈では「女性ジェンダー化した〈告白〉と解釈される可能性が高かった」（飯田祐子「〈語りにくさ〉と読まれること」『『青鞜』という場』, p.61）という。

このようなアポリアを僅かでも克服する方途を見出そうとすれば、それは文体の〈女性〉性を標榜するのではなく、生田花世のように徹底して個にこだわり、逸脱の語法によって語るほかないだろう。ただし、それが有効なのは、個の生と同じく一度きりである。

文献案内

自己を語ることに目覚め、それを語るための言語を獲得しようとする女性たちと、その際に露わになるジェンダーというシステムとの闘争を歴史的に論じた著作をここでは二冊薦めておきたい。この文章を書くにあたっても、多く参考にさせていただいた。

平田由美『女性表現の明治史——樋口一葉以前』, 岩波書店, 1999年
飯田祐子編『『青鞜』という場——文学・ジェンダー・〈新しい女〉』, 森話社, 2002年

誰が恋をしているのか
──和歌・ことば・主体──

サラダをつくったのは誰か

　「恋」は和歌においてどのように表現されているのだろうか。そのごく一端を具体的に考えてみたい。まず話のとっかかりとして、現代短歌のよく知られた歌を見てみることにする。一昔前にブームになった俵万智の歌集『サラダ記念日』の、タイトルのもとになった歌である。

　　「この味がいいね」と君が言ったから七月六日はサラダ記念日

　サラダをつくったら味がいいと言ってくれたので七月六日は自分にとって「サラダ記念日」なのだ、という。自分のつくった手料理を喜んでもらえたときの、心躍るような気持ちを詠んだ歌なのだろう。一読すれば内容がすっと頭に入ってくる歌だ。
　ただ、敢えて立ち止まって、次の問いを投げかけてみよう。

　　1：「この味がいいね」と言ったひと（「君」）は、女性か、男性か。
　　2：サラダをつくったひとは、女性か、男性か。

　こう問われたとき、どのように説明するだろうか。多くのひと

は、「この味がいいね」と言ったのは男性で、サラダをつくったのは女性、と考えるのではないか。女性が恋人の男性のためにサラダをつくる。料理の得意なひとが、腕によりをかけて凝った味つけと盛りつけのサラダをつくったのかもしれないし、普段はあまり料理をしないひとが、煮炊きの手間が少ないサラダなら自分でもできると思って心を込めてつくったのかもしれない。いずれにしても、ほほえましい光景が浮かんでくる。
　しかし、歌のことばだけを見る限りでは、どちらが男性でどちらが女性と明示されているわけではない。だから、「この味がいいね」と言ったのが女性で、サラダをつくったのが男性、と読んでもよいかもしれない。いまどきは料理好きの男性も多い。男性が女性に手づくりのサラダをふるまうことだって珍しくないだろう。また、男女のカップルだと限定されているわけでもないから、同性を恋愛の対象とするひと同士の食卓の風景を詠んだ歌だと考えてもよいのではないか。さらに言えば、恋人同士の様子だと読む必要もないのかもしれない。実際、ある講義で大学1年生に対して同じ質問をしたら、こんな回答がかえってきたことがある。「母親が幼い子どものためにサラダをつくったら、大人びた口調で「この味がいいね！」と言ってくれた。それを聞いた母親が、味を喜んでくれたことにくわえ、子どもの成長を感じ取って、嬉しく思った。そんな気持ちを詠んだ歌だとも解釈できる」。これは少々意外な回答だったのだが、言われてみれば、そう読んでも悪くないような気もしてくる。このように、たった一首の歌でも、それをどう解釈するかは、読者によって多様な受けとめ方があり得るわけである。
　とは言え、やはり大半の読者は、「この味がいいね」と言ったのは男性で、サラダをつくったのは女性であると受けとめるだろう。そして、そう解釈するのが妥当なのだと思われる。では、歌のことばに明示されていなくても、男女の役まわりを読みとった解釈が無意識に導き出されるのは、なぜだろうか。この「サラダ

記念日」の歌の解釈を方向づける要素は、三つあると思う。

　　A：〈作者〉
　　歌をつくったひとが俵万智という女性であるということ。作者が女性だから、女性の気持ちを詠んでいる、と解釈が導かれる。
　　B：男女の役割や立場をめぐる社会的通念
　　料理をつくるのはもっぱら女性で、料理をふるまわれるのはもっぱら男性である、という社会に根強く存在する役割分担の通念によって解釈が導かれる。
　　C：ことば自体が暗示する男女の違い
　　「この味がいいね」ということばづかいは、どちらかというと女性より男性の口調を思わせるので、これは男性の言ったせりふで、サラダをつくったひとは女性だ、と解釈が導かれる。[注1]

　上にあげたABCの要素は、俵万智の歌に限らず、古典から近現代に至るまでの恋をテーマとする歌（短歌・和歌）を考える際の補助線になると思われる。しかし、近代以降の短歌と古典和歌とでは、共通する面もあるが、異なる面もある。そこで、このABCを考察の手がかりとしながら、恋歌のことばのありかたの一齣を垣間見ることにしよう。

「今来む」と言ったのは誰か

　その前に、「サラダ記念日」の歌の解釈を方向づける要素として「A〈作者〉」をあげたことについては、もう少し説明が必要だ。歌（短歌・和歌）は、五・七・五・七・七の三十一文字の日本語でつくる詩歌である。その特性について、俵万智は『短歌をよ

む』(岩波新書)という本の冒頭で、次のように述べている。

> 短歌は、一人称の文学と言われる。なにも書いていなければ、主語は「我」だ。短歌を読むことは、「我」を主人公とする「人生」という物語を読むことでもある。

そのとおりで、歌は基本的に一人称の表現である。先にあげた歌で言えば、七月六日はサラダ記念日だと思ったひと(サラダをつくったひと)が、一人称の「我」ということになる。ここでは、そうした歌のことばの中に現れる一人称の「我」を、〈歌の中の主体〉とかりに言い換えておく。

ただ、あの歌について俵万智は、もとになった現実の体験は確かにあったが、実際は七月六日ではなかったし、つくったのもサラダではなくカレー味のからあげだったと述べている(前掲書)。歌に表現されたものは、俵万智の実体験と無関係ではないけれども、実体験そのものではない。言い換えれば、〈歌の中の主体〉は、実在の人物である〈作者〉と同一の存在ではないのである。これは、いつの時代のどんな歌にも共通する面として、確認しておいてよいことだろう(渡部泰明『和歌とは何か』参照)。[注2]

その上で、本題はこれからである。前置きが長くなったが、平安時代の和歌の一首を取り上げて、考えてゆくことにする。

　　　　題しらず　　　　　　　　素性法師
今来むと来むと言ひしばかりに長月の有明の月を待ち出でつるかな
　　　　　　　　　　　　　(古今和歌集,恋歌四・691)

『古今和歌集』(延喜五(905)年序)の恋歌の部に収められている歌で、『百人一首』に採録されたことから広く知られている一首である。「長月」は陰暦の九月。陰暦では七月・八月・九月が季節の秋で、九月は秋の夜長を最も感じさせる時期である。「有

明の月」は、暦の月の下旬に、夜遅くなってから空に出て、夜明けまで残っている月のこと。「待ち出づ」とは月が出て来るのを待つこと。またすぐ来ようとあのひとが言ったばかりに、夜が長い長月の有明の月が出るまで待ってしまったことだよ、といった意の歌だろう。恋人が言い置いたことばをあてにして、秋の夜長に待ち続けたさまを詠む恋歌だ。「今来む」の「来」は、恋人の所へ訪れる動作を、行く側ではなく、来るのを待つ側を基準とした表現。先の「サラダ記念日」の歌のような現代日本語風に、会話文にカギカッコをつけて表記してみるなら、

　　「今来む」と言ひしばかりに長月の有明の月を待ち出でつるかな

となろうか。
　ここでまた敢えて立ち止まって、上記の歌についても次の問いを投げかけてみよう。

　　１：「今来む」と言ったひとは、女性か、男性か。
　　２：有明の月が出るまで待ち続けたひとは、女性か、男性か。

この問いに対しては、次のように断言できる。「今来む」と言ったのは男性であり、有明の月が出るまで待ち続けたのは女性であると。ひとの訪れを待つという発想で詠まれた恋歌は数多い。たいていは、

　　来ぬひとを待つ夕暮の秋風はいかに吹けばかわびしかるらむ
　　　　　　　　　　　　（古今和歌集, 恋歌五・777, よみ人しらず）
　　（来てくれないひとを待っている夕暮れに吹く、「飽き」という名を持つ秋風は、どんなふうに吹くからといって、こんなにつらいのだろうか。）

のように、待ってもなかなか相手が来ないことを嘆く思いが詠まれる。そして、訪れるのは男性で、待つのは女性と相場は決まっている。というのも、男女関係のありかたが現在とは違って、基本的に男性が女性のもとへ通う（夜に訪れて翌朝帰る）という形態であった。それを背景として、和歌において恋を表現するときの発想にも型が定まっていたのである。先に掲げたABCを使って言い換えれば、

　　B：男女の役割や立場をめぐる社会的通念
　　男性が訪れる立場、女性がその訪れを待つ立場である。
　　C：ことば自体が暗示する男女の違い
　　それゆえ恋歌における「待つ」ということばは、待つ主体が女性であることを暗示する。

　よって、「今来むと」の歌は、恋人を待つ女性の思いを詠んだ歌と解釈できる、となろうか。[注3]
　では、「A〈作者〉」についてはどうか。「今来むと」の歌をつくったのは素性法師という男性の僧侶歌人である。一方、〈歌の中の主体〉つまり有明の月が出るまで待ち続けたひとは、女性である。つまり、男が女の立場になって詠んだということだ。
　先に、〈作者〉と〈歌の中の主体〉は同一の存在ではないと述べた。だがそれでも「サラダ記念日」の歌の場合は、俵万智がこういうひとだからこういう歌だと読めるというように、〈作者〉の存在がある程度は解釈を方向づけるように思われた。しかし、素性法師の歌の場合はそうはいかない。

作者・主体・性

　このように、〈作者〉の性と〈歌の中の主体〉の性が異なる詠

作は、古典和歌における恋歌では特に珍しいものではない。例えば、ふたたび『古今和歌集』をひもとくと、次のようなものが見出せる。

　　　　題しらず　　　　　　　　　　僧正遍昭
わが宿は道もなきまで荒れにけりつれなきひとを待つとせしまに
　　　　　　　　　　　　　　　　　　　　（恋歌五・770）
（わたしの住まいの庭はあのひとが通ってくるはずの道もないほど草が生い茂って荒れ果ててしまった。つれないあのひとを待っている間に。）

今来むと言ひてわかれし朝より思ひくらしの音をのみぞなく
　　　　　　　　　　　　　　　　　　　　（同・771）
（またすぐ来るよとあのひとが言って別れた朝から、恋しい思いを抱き続けて日を暮らし、ひぐらしが鳴くように私も泣いてばかりいることだ。）

　素性法師の父である僧正遍昭が詠んだ歌である。「わが宿は」の歌は、なかなか訪れない相手をあてにして待つ切ない時間の長さを詠む。「今来むと」の歌は、歌の前半の「今来むと言ひ」という言い回しが素性法師の歌とよく似ているが、「思ひくらし」が蝉の「ひぐらし」と「日暮らし」の掛詞になっていて、恋しさのあまり泣き続けて日を暮らすさまを詠む。二首ともに、恋の相手を待つ思いを表現しており、女の立場で詠んだ歌である。
　少し時代をくだって、鎌倉初期の『新古今和歌集』（元久二（1205）年成立）からもう一首、例をあげておく。

　　　　千五百番歌合に　　　　　　　右衛門督通具
今来むと契りしことは夢ながら見し夜に似たる有明の月
　　　　　　　　　　　　　　　　　　　　（恋歌四・1276）

　作者の源通具は、『新古今和歌集』の撰者のひとりである。歌意は、またすぐ来ようとあのひとが約束したことは夢であったが、

あのひとと逢った夜に見たのと似ている有明の月であるよ、といったところだろうか。この歌を、素性法師の「今来むと言ひしばかりに長月の有明の月を待ち出でつるかな」と比べてみよう。「今来むと」「有明の月」といったことばづかいが共通しており、明らかに素性法師の歌を踏まえていることがわかる。先行する和歌を踏まえて詠んだ、いわゆる本歌取りの詠作なのである。

　もとになった素性法師の歌は、有明の月が出るまで恋人を待ち続けるひとの思いを詠んでいた。一方、この源通具の歌は、約束したのに恋人が来なかったことを「契りしことは夢」と表現している。そして、あのひとと逢った夜に見た月と似ているなあと思いながら、また来るよと言った恋人を慕いながらひとりで有明の月を眺めるひとの思いを詠んだ。素性法師の歌をもとにしているが、素性法師の歌とは違う恋の情趣を描いている。

　このように、本歌取りの歌をつくる場合、もとの歌を下敷きとしながらも、もとの歌とは違う新しい着想をうちだすことが肝要なのであった。とは言え、源通具の歌においても、「今来む」と言ったひとは男であり、有明の月を眺めているひと、すなわち〈歌の中の主体〉は素性法師の歌と同様に、女であろう。

ことばの中で恋をする

　男が女の立場にたって恋歌を詠むとは、男性歌人が歌のことばの中では女を演じること、というより、女になりきって歌を詠むということだ。では、そうした歌は、どのような場で生まれたのだろうか。

　素性法師の「今来むと」の歌と、先に紹介した僧正遍昭の二首は、『古今和歌集』の詞書に「題しらず」とあるのみなので、具体的な詠作事情はわからない。ただ源通具の歌については、『新古今和歌集』の詞書に「千五百番歌合に」とあるように、『千五百

番歌合』(建仁二から三(1202-1203)年頃成立)という歌合の場において詠まれたことが明らかである。歌合とは、歌人たちが集い、左右のふたてに分かれて、詠んだ歌の優劣を判定する催し。歌合では、設定された題(テーマ)で歌を詠み合うのが通例である。源通具の歌は、『千五百番歌合』において、「恋」の題で詠まれたものだった。「恋」という題で歌を詠めと求められた源通具は、素性法師の「今来むと」を踏まえて歌をつくろうと着想した。そして、契りを交わした男を慕いながら有明の月を眺めている女の恋心、という設定で、あの歌を詠んだのである。

　あらかじめ設定された題で歌を詠むことを、題詠という。題詠とは、歌に表現する事がらが作者自身の実体験に基づいているかどうかに関わりなく、言ってみれば、そのようなものとして詠む、ということだ。和歌における題とは、「恋」のほかにも、例えば「花」「月」、「忍恋」「湖上冬月」などさまざまなものがある。これらの題は、長い時代を経て和歌が詠まれてきた蓄積によって発想のパターン(伝統)ができ、それが和歌を詠む際のテーマとして定着したものだ。例えば、「湖上冬月」の題で歌を詠めと言われたら、冬の湖に月が出ている風景など実際見たことがなくても、そのような風景を詠む発想のパターンに寄り添いながら歌を創作する。そういうものだった。

　恋歌に話を戻そう。恋について詠んだ和歌は、もちろん題詠ばかりではない。恋人同士や夫婦間で交わされた贈答歌や、実際の恋にまつわる心情を吐露した歌も、数多く伝わっている。しかし総じて、平安時代以降近代以前までの和歌の世界において、その中心にあったのは題詠だと言っても過言ではなく、恋歌もその例外ではない。

　題詠は、設定されたテーマから逸脱しないで歌を詠むことだから、その意味では、一定の制約のもとで創作する行為だと言えるかもしれない。しかし、制約があるからこそ解き放たれることもあるのではないだろうか。男が女の立場になって恋歌を詠む(逆

に、女が男の立場になって詠む恋歌もある）というように、性を越境してことばと戯れることも、定められた題で歌を詠む場においては、たやすくなされるのだった。

　素性法師の歌にせよ、僧正遍昭の歌にせよ、源通具の歌にせよ、男たちが紡ぎ出した歌のことばの中で恋をしているのは誰であったか。それは、彼らのうちの誰でもない、女である「我」だったのである。

　　　　　考える時間：解釈のこころみ

　以上述べてきたことをふまえて、最後に、具体的な恋歌の表現を読み解く、ちょっとした問題を出してみたい。
　次の和歌 A・B について、〈歌の中の主体〉は女性か男性かを考えながら、解釈をしてみてほしい。

　　A：藻塩焼く浦べに今宵旅寝して我さへこがれひとを恋ひ
　　　つつ　　　　　　　　　　（堀河百首, 旅恋・1229, 隆源）
　　B：藻塩焼く海人の苫屋に旅寝して波のよるひるひとぞ恋
　　　しき　　　　　　　　　　（堀河百首, 旅恋・1230, 肥後）

　どちらも、平安時代後期に成立した百首歌『堀河百首』[注4]において、「旅恋」という題で詠まれた歌である。「旅」とは、もともと暮らしていた場所（都あるいは故郷）を離れ、物理的に遠い地へ移動する行為である。むろん、和歌に詠まれる「旅」は、現代感覚でのリクリエーションの旅行とは異なる。地方官僚として赴任地へ行くことや、訳あって都を離れることも「旅」であり、その際に愛しい恋人がいれば離れ離れの状況になる。「旅恋」とは、旅路において残してきた恋人への思いを募らせるさまや、旅先での恋の心情などを詠む歌題なのだ。

A・Bは、同じ題で詠まれた上に、「藻塩焼く」、「旅寝して」、「ひと」を「恋ふ」という同じ語句を用いていて、表現が非常によく似ている。
　いくつか語釈をつけておこう。A・Bに見られる「藻塩焼く」とは、海水を注ぎかけた海藻を簀子の上で焼き、上澄みにできる塩をとる製塩法のこと。藻塩を焼く煙が立つ情景は、海辺を表す風情として和歌に多く詠まれるものだった。
　Aの「こがれ」は、恋い焦がれるの意だが、藻塩が焼かれて焦げるというニュアンスも響く。「我さへこがれ」とは、藻塩が焼かれるのと同じように、私までも恋の思いに胸を焦がしている、ということ。
　Bの「海人」は、漁夫。「苫屋」は、苫で屋根を葺いた粗末な小屋。海辺に漁夫が作業するための小屋があり、旅人はその小屋をかりそめの宿として、一夜の旅寝をしているのである。「よるひる」は、波が寄せたり引いたりする意の「寄る干る」と「夜昼」を掛ける。
　さて、ここまで考えてくれば、歌の解釈も見えてくるのではないだろうか。試解をしめせば、次の通りである。

　《Aの解釈》
　藻塩を焼く海辺で今夜は旅寝をして、藻塩が焦げるように私まで胸を焦がしてあのひとを恋しく思っている。
　《Bの解釈》
　藻塩を焼く海人の苫屋で旅寝をして、波が寄せたり引いたりするたびに、夜も昼もあのひとが恋しく思われる。

　A・Bどちらも、海辺を旅している者が残してきた恋人を思う、という場面設定で「旅恋」題を詠んだ歌なのである。言うまでもなく、旅をしている者が、〈歌の中の主体〉。歌のことばに登場する「ひと」が、残してきた恋人である。では、しつこいようだが、

ここでも敢えて次の問いを投げかけておこう。

　　1：旅をしている者は、女性か、男性か。
　　2：残してきた恋人は、女性か、男性か。

　答えは1が男性、2が女性。それについては、あれこれ説明する必要もあるまい。つまり、A・Bともに、〈歌の中の主体〉は、男性である。
　その上で最後に、歌の作者が誰だったかを振り返ってみたい。Aの作者は隆源、Bの作者は肥後。両者とも、当時活躍した歌人なのだが、隆源は男性、肥後は女性だ。しかしどちらも、「旅恋」という題で和歌を詠む場においては、題に応じた発想のパターンに寄り添って、旅をしている男の立場から、残してきた女を恋する思いを歌に結実させたのである。題詠の和歌のことばの中で「恋」を生きるとは、このようなものなのであった。

注1　「サラダ記念日」の歌の解釈を考える場合、「この味がいいね」ということばづかいに着目するだけではなく、「この味がいいね」と言ったひとが「君」と表現されていることにも注意したほうがよい。古代和歌において、男女の恋の場面で「君」と詠まれる場合は、女性から見た男性を指す。例えば「君に恋ひ我が泣く涙」（万葉集, 巻十二・2953）とあれば、「君」は男性。「サラダ記念日」の歌における「君」もこれと同様の表現で、「この味がいいね」と言ったのは男性だと考えられる。俵万智の歌は、恋人にサラダをふるまうという現代感覚あふれる場面を描いているが、同時に、古代和歌におけることばのありようと通底する側面も持っていると言えるだろう。
　　なお、現代の日本語では、例えば、「〇田×郎部長が新入社員に「君、明日までに会議資料をつくってくれ」と言った。」などという。この場合の「君」は、〇田×郎部長が部下に呼びかけるとき使われている。つまり、男性の話し手が同輩または目下の相手を指す呼称である。このように「君」という語の意味は、時代によって変化し、使われる場面によっても異なるのである。

注2　渡部泰明『和歌とは何か』（岩波新書）は、和歌における作者と一人称のありかたについて述べていて刺激的な本。渡部著でも、俵万智の歌を例にあげている。本稿もこの本から多くの示唆を得ているが、恋歌と性と題詠を例にした観点から考えた。

注3　素性法師の「今来むと」の歌については、二通りの解釈がある。女が男の訪れを待ち続けていた時間が、一夜のことであるのか、それとももっと長い時間であるのか、の二説で、古来さまざまに議論されている。神野藤昭夫「素性法師「今こむと」歌解釈の振幅と変容——文学史として読む百人一首」(『平安朝文学研究』復刊12号, 2003年12月)、鈴木徳男「定家の素性歌受容——長月の有明の月をめぐって」(『中古文学』89号, 2012年6月)などに諸説と注釈史を整理した上での考察がある。
注4　複数の歌人が四季・恋・雑の百題で計百首を詠み、堀河天皇に奉ったもの。

文献案内

俵万智『サラダ記念日』, 河出文庫, 1989年
俵万智『短歌をよむ』, 岩波新書, 1993年
渡部泰明『和歌とは何か』, 岩波新書, 2009年
後藤祥子「女流による男歌——式子内親王歌への一視点」『平安文学論集』, 風間書房, 1993年
ハルオ・シラネ／兼築信行／田渕句美子／陣野英則編『世界へひらく和歌——言語・共同体・ジェンダー』, 勉誠出版, 2012年

＊和歌の本文の引用は次に拠った。
古今和歌集：新日本古典文学大系『古今和歌集』(岩波書店)
新古今和歌集：新日本古典文学大系『新古今和歌集』(岩波書店)
堀河百首：和歌文学大系『堀河院百首和歌』(明治書院)

○ 類型への欲望

「恋愛小説」は好きですか？

....

悪魔のようにハンサムな彼

「恋愛小説」は好きですか？

　「恋愛小説は好き？」とたずねると、「えぇ、あんまり読みませ〜ん。なんか、ベタベタした感じですし〜、そんな、興味もないかなぁ」と答える学生も少なくない。おそらく、「あまり読まない」からわからないのだと思うが、「ベタベタした感じ」（「ベタッ」とする湿度感でもあり、「イチャイチャ・ベタベタ」の意味も込め、「ベタな」のニュアンスも含む）を醸し出している源泉を確認すれば、これが非常に面白く読めるジャンルなのである、「恋愛小説」は。この章では、「宿命」・「葛藤」・「記憶」・「孤独」をキーワードに、「恋愛小説」を「恋愛小説」たらしめている、物語の「型」の輪郭を探る。

宿命について

　その妖艶な魅力で男を圧倒し、相手の鼻づらを引き回すような女を、フランス語では「ファム・ファタル femme fatale」という。「ファム」が「女」の意で、「ファタル」はそれを修飾する形容詞だが、この「ファタル」には「致命的な＝男を破滅させるような」という意味と同時に、「宿命的な」というニュアンスが含まれている。それほど破滅的でなかったとしても、恋はどこか「宿命」によってあらかじめ決定されているような、理性ではどうにもならない何かによって支配されるもののように語られることが多い。

あるいは、そのように語ることによって、恋の劇的なことが強調される。

ひとめぼれ

　「ひとめぼれ」などは、その最たるものであろうか。フランス文学史上、最も名高い「ひとめぼれ」のシーンと言えば、フロベールの『感情教育』があげられようが、「それは幻のようであった」と始まるその箇所で、主人公の青年フレデリック・モローは、船上で初めて出会った年上の人妻をながめまわす。麦わら帽子、帽子につけられたリボン、黒い髪の分け方、眉、顔の形、ドレスの色や模様、肌、指、持ち物。腰かけた女の細部に至るまでの克明な描写は、そのまなざしの執拗さと、視線が動くごとに好奇心がむくむくと沸き立つさまを、鮮明に映し出す。「見ること」と、それによって喚起される「知りたい」という強烈な欲望とが、「ひとめぼれ」＝「恋の発端」になるという、典型的な場面である。
　この箇所を読む私たちは眺める男の視線に同化し、その心の昂揚をなぞることになるが、相手の女は外側を見られるだけの対象物であり、正体は謎のままである。まなざしの主体はあくまでも男性であり、女性はその視線にさらされる客体にすぎないと言えるが、内面も素性も知られないからこその好奇心の発動であるとするなら、「ひとめぼれ」という現象を支えるのは、この一方的な主体側（男性）の視線と、内側を流出させない客体側（女性）の肉体であるとも考えられる。ここでは、見られている女は、「見られている」ということにすら気づかない。ひたすら「見られる」対象になることで、男性側の持つ「見る欲望＝所有の欲望」を喚起するのである。
　この形の恋の発端が、一種の常とう手段として繰り返し採用されるのは、「見る＝欲望する＝恋することを告げる主体」が、

ジェンダーとしては男性の役割で、「見られる＝欲望される＝恋の思いを告げられる客体」を女性の役割とすることが、広く受け入れられているからであろう。性的な下心を持ってじろじろ眺められることを、女性の立場になって想像してみれば、それはあまり気持ちのよい経験ではないだろうし、場合によっては怒りや恐怖心を感じることだってあるだろう。だが、ほれぼれとながめられ、「好きだ！」と言われれば、それは頬を染めてありがたく受け止める恋の告白と、胸躍らせるべきなのである、「女」としては。

女はひとめぼれするか？

　であるならば、恋を「宿命」と思うことができるのは、主体となり得るジェンダー＝男、ということになるのだろうか。いや、「見られる＝選ばれる＝所有される」ことの方こそ、自分ではどうにもならない（あくまでも「客体」である）という意味において、より一層「宿命的」であると言えようか。天啓のごとき歓喜の瞬間を男は宿命として受け取るのに、女は男の視線をそれと感じるということか……。いやにスケールが違う。

　この構図を逆転させる可能性はないものか？　女が主体的に感じられる宿命的恋の瞬間というのは、構造的に無理なのか？　それとも、同じ構造を使いながら反転させることはできるのか？　デ・グリュー騎士に、宿命的な「恋に落ちた」と思わせる場面を用意した、マノン・レスコーは、そのモデルになり得るのだろうか？　あるいは、見つめている男性の視線を内在化し、自らその前に身を投げ出す、『愛人』（マルグリット・デュラス）の少女のようであれば、主体としての「ひとめぼれ」を経験したことになるのだろうか？　現代日本の女性小説家たちは、多く、主人公を女性に設定し、彼女たちの日常感覚を大切にしながら、等身大の女の恋を描いている。その中にはもちろん、「ひとめぼれ」のシ

ーンもある。このようなシーンと、『マノン・レスコー』や『感情教育』に見られる典型的な場面とを比べてみよう。男女の構図とそのあり方に何か違いはあるだろうか。

葛藤について

「ひとめぼれ」にせよ何にせよ、始まった「恋」が関係性を伴う「恋愛」へと変化したら、その次に待っているのは「恋の終わり」と決まっている。始まったものは、必ず終わるのだから、仕方がない。しかし、そんなものであれば恋愛小説とは呼ばないわけで、少なくとも「恋愛」が成就するまでの葛藤か、持続させる際の葛藤か、終わらせるための葛藤か、終わらせないための葛藤か、何にしても「葛藤」を描く必要がある。

「片思い」という葛藤

　成就するまでの葛藤を描くには、「片思い」という方法が最もぴったりくる。恋愛小説は確かに、ふたりの交わりをテーマとして描くものだが、それは必ずしも成就する例とばかりは限らない。市川拓司は『恋愛寫眞』の中で女性主人公の静流に、「私はあの人が好き」で成り立つのであれば「世界の恋はすべて成就する」と語らせ、その状況を「片思いの惑星」と表現する。この語りは、恋するが叶わぬ身の辛さを読者に切々とうったえかけるが、そこには同時に、「恋はわたしがするもの」という自足による甘美さがあることも思わせる。

　「片思い」がもたらす甘美さを支えているもうひとつの根拠は、「言ってはならない」という禁止によってかきたてられる感情の二律背反性である。「言いたいけど、言えない」、「好きになって

はいけないけど、好きになった」。「片思い」の甘美さはもちろん、苦痛でもあるのだが、「恋」の炎を持続させ盛り上げるには、格好のアイテムである。

　例えば、「BL」（男性同士の恋愛を描く小説やマンガ、アニメ、ゲームなど）に多用されるシチュエーションとして、同性への恋愛感情を意識した主人公が、自分のことを同性の仲の良い友人と思っている相手に対して、どうしても告白できないというものがある。また、カップルになってしまっても、それを世間的に認知させられるかどうか、といった「葛藤」も存在する。この「葛藤」のテンションこそが、「恋愛小説」のクライマックスを形成し、読者に「恋」の切なさを教えるのだろう。

「嫉妬」のゆくえ

　では、恋を持続させるための仕掛けとして、ほかにどのような方法があるだろうか。先にあげたアベ・プレヴォーの『マノン・レスコー』は、男性主人公のデ・グリュー騎士が示す、恋に対する激しいのめり込み方で名高い作品だが、そこで炎をかきたてる油の役割を果たしているもののひとつが、「嫉妬」の感情である。

　「わたし、あなたを熱愛しているのよ、信じて」と言いながら、「わたしの騎士を、お金持ちに、幸せにするために、わたし働きます」というマノンの仕事とは、金持ち貴族の囲い者になるということなのである。これを聞かされた騎士は大いに嫉妬に狂い、彼女を他人に渡さない方策を、何としてでもねん出しなければならなくなるのだ。

　デ・グリューは、マノンとの恋愛生活を維持するために、駆け落ち、窃盗、詐欺でも済まず、挙句の果てには殺人まで犯し、アメリカへ流罪となる。「ファム・ファタル」によってもたらされる男の破滅の道程としては、典型的なパターンだが、火に油を絶

やさぬように注ぎ込むのは、女ではなく、男の方だとも言えるだろう。彼女を奪われたくないという一心が、彼を突き動かし、暴挙に暴挙を重ねるほどに、嫉妬の心も恋心も同じように激しさを増し、膨張していくのである。

「記憶」として凍結すること

　「嫉妬」があおる恋の炎は確かに強いものであろうが、これとてそのうち枯れ果てて、いずれ終焉を迎えることは必定だ。であれば、恋を確実に固定し、永遠のものにする方法はないのだろうか。理屈として考えれば、「ありそうにない」というのが正しい解答であろうが、恋愛小説においては、充分可能であるばかりか、結構な頻度で登場する。「思い出化」あるいは「記憶としての凍結」という方法がそれだ。

　何度も繰り返すようだが、恋には目もくらむような始まりがあるが、必ずや終わりがある。「思い出化」や「記憶としての凍結」は、その終わりを迎えさせない、あるいは、「終わり」と感じないように見方を変える方法であるが、その最強のあり方は、恋の絶頂期において迎える「死」という形であろう。死は確かに痛切な経験として描かれることになるが、このことにより、「恋」そのものは経年変化を免れて、確実に生き残ることになる。

「死」のもたらす効果

　昨今ベストセラーになるような、いわゆる「泣かせる恋愛小説」には、この型を持っているものが非常に多い。例えば先にあげた市川拓司の『恋愛寫眞』などは、まさにその好例である。

　愛の告白を残し去って行った静流を、実は自分も愛していたと

気づく主人公の誠人。彼女から写真の個展の案内をもらった誠人はニューヨークまで訪ねていくが、静流はすでに病気で亡くなっており、残されていたのは彼女が撮った、彼女と彼の写真だけ。それを誠人は「そう、これはぼくらの恋愛写真だった」と評するのだ。写真に焼き付けられた瞬間は、年を経ても色あせることはなく、そのままの恋の姿をとどめておく。「恋愛写真」とは、「死」という究極の別れによって凍結された、恋の記憶のことであろうか。

では、「記憶している側＝残された側」の性別は、男の方が感動的か、女の方が感動的か。『マノン・レスコー』の場合であれば、マノンは死んでデ・グリューが残り、彼女との恋愛の顛末が語られることになる。『恋愛寫眞』もそうだし、あの『世界の中心で、愛をさけぶ』(片山恭一)だってそうだ。ほかにも例をあげればきりがない。『世界の中心で、愛をさけぶ』は、好きなひとの死に目にあえなかったために彼女の骨を盗み出した祖父がいて、その祖父を手伝った朔太郎が、恋人のアキを失う。若くして亡くなる女性を、男が葬り、弔い、彼女のために泣くことこそが、愛の究極の姿として読む者の涙を誘う。

もちろん、これが逆だって話は同じくらい哀切であろう。若くして亡くなる男性を、女が葬り、弔い、彼のために泣く……、だが、ここにもまた、ジェンダーの非対称性がほのみえる。その理由はいったい何か。

孤独について

恋愛小説のテンションを高めておく効果的な要素として、最後に「孤独」をあげておこう。「ひとめぼれ」や「片思い」、「嫉妬」、「死」と比べれば、「孤独」はこの場にはふさわしくない印象があるかもしれない。だが、「恋」が究極には自分ひとりの中に生じ

る感情の嵐のようなものだとするならば、「恋愛」へと成就しない、あるいは成就したとしても、そこにはいつも「ひとりきり＝孤独」を意識せざるをえない構造が内包されているのである。

「孤独」の形

　「孤独」と一口に言っても、何に対して孤独感を思うかというのには、さまざまなヴァリエーションがあるだろう。例えば、ジョルジュ・サンドの『愛の妖精』は、19世紀フランス文学にはめずらしい「ボーイ・ミーツ・ガール」型の青春恋愛小説だが、その中で、村のつまはじき者だった少女ファデットに恋をした青年ランドリーは、そのために家族や友人たちの中で孤立することになる。このタイプの孤立は、恋することで知った新しい価値観や、好きな相手の世界を積極的に受け入れることにより、それまでの常識から脱皮していく際の、青年にとっては成長の一端であると考えることができるだろう。

　また、「ふたりであるゆえの孤独」という形だって考えられる。恋を知らず、ひとりであるときに感じる「孤独」と、ふたりではあるが、相手と同化できないゆえにどうしようもなく感じさせられる「孤独」とでは、その感覚は同じではないだろう。目の前に愛するひとがいるにもかかわらず、自分とは異なる個体であるという理由で勝手にはならないもの、「私のものにしたい」と頭では思えても、決してそうはならないもの、それがおそらく、恋の対象であり、恋愛関係の一面であろう。相手に対する欲が深まれば深まるほど、相手とのわずかな距離が埋めがたいものとして目の前に立ちはだかる。この愛の逆説的な距離感が、恋愛小説を物語として成り立たせ、動かしていくのだ。

　逆に、「ふたりである」ことを成就してしまったゆえに感じられる「孤独」というのもあり得るだろう。小手毬るいの小説『好

き、だからこそ』は、五つの章が互いに絡み合って、主人公の女性の恋愛経験を語るのだが、その五つのうち四つ目が奇妙に全体から浮き上がっている。主人公の女性が再婚する男性の元妻の一人称語りで成り立っている本章には、彼女の感じた孤独の種類と、それが解消されていく道筋が鮮明に描き出される。彼女は彼に不満があったわけではない。むしろ、好きだった相手との恋を成就させて迎えた「結婚」は、幸福の絶頂とでも呼べるような状況である。しかし彼女はそこで「そんな祝辞と、人々の笑い声に包まれて、私はひどく孤独でした」と語る。披露宴の真っ最中に感じた花嫁の「孤独感」と「疎外感」は、そこに至らねばわからなかった種類の「孤独」であると言えるだろう。常識的な恋愛の結果、常識的な結婚を手に入れたその場所にこそ、「恋愛小説」の魔物が潜む。そして、その場所に至ったからこそ探しえた「孤独」からの脱出手段があったのだ、とも。

「孤独な男」

「孤独な男」と「孤独な女」。恋愛小説においては、どちらがより"様"になるだろうか。「記憶」の項目を参照するなら、それは「男」の方だろうか。だが、現実の世界を見渡せばわかるように、いつだって女の寿命は男より長く、確率的に言うならば、女が葬り、弔い、彼のために泣く……方が圧倒的に多いはずなのである。本当は孤独なのは女の方だが、彼女にはその「孤独」を語る方法がまだ用意されていないと言うこともできるだろうか。残された男は、愛した女を記述する。書いて、書いて書きまくって、彼女を行間に閉じ込める。そうしてできたのが「恋愛小説」なのかもしれない。

オノレ・ド・バルザックの『谷間の百合』は、フロベールの『感情教育』と並んで、その「ひとめぼれ」の場面が有名な小説

である。主人公の青年フェリックスが、遂げられなかった恋を回想して語るという枠組みを持ったこの小説は、ただひとり彼のことばが充満するようにあふれている。

　人妻であるモルソフ夫人にひとめぼれし、「その丸ぽちゃっとした白い肩の上で転げまわってみたい」との欲望を抱いた彼は、彼女の心を得ることはできても、思いを遂げることはできない。モルソフ夫人の方では、実は年若い誘惑者に完全に心を奪われているのだが、人妻であり、子の母であるという自覚が男に走りたい恋の気持ちを封じ込める。結果として、この我慢が原因で彼女は命を落とすことになる。最後に、彼に思いを吐き出す告白の手紙を残して。

　そのあらましをこれでもかというくらい、彼はつぶさに描いて見せる。モルソフ夫人亡き後、傷ついた自分の心を慰めてくれるかもしれない女ナタリーに向かって。愛しい男にあてて、命に替えた告白を手紙にして残して死んだ女と、その女の手紙の内容までをも、次の女に披瀝せずにはいられない男との間には、なんと大きな隔たりが横たわっていることだろう。

　物語の最後には、女からのしっぺ返しが待っている。フェリックスの話を最後まで聞いたナタリーの手紙である。「あなたは死んだ人とでないと幸福にはなれない、だから友達のままでいましょう」と。追憶によってしか生きられない男とはつまり、「孤独」を飼いならせない男のことだというわけか。ひるがえれば、「孤独」を外に出してしまうのではなく、書物の中に閉じ込めれば、それは立派に「恋愛小説」として生まれ変わる。

「孤独な女」

　残された女には、この「書く」というすべがないから、ただただ沈黙し、亡くなった男の遺影を見続ける。女を見送った男の追

憶のことばが過剰であるのと対照的に、男を見送った女には、ただ沈黙の時間があるだけだ。

　世間でよく言うように、妻に先立たれた夫は寄る辺なき孤児のような可哀そうな存在で、夫を見送った妻は解放感からせいせいし、さらに長生きするものだろうか。いずれも「孤独な者」であるには違いない。だがその「孤独」は語られたり、語られなかったりする。語られない「孤独」は、語られないゆえに目に見えた形には表れないかもしれないが、しかし、なかったことにはならないし、なかったことにできもしない。女の孤独とは、この「語られなかったがなかったことにはできない」何か、なのかもしれない。

「型」からはみ出した「孤独」

　最後にひとつだけ、これまで示してきた「恋愛小説」の「型」からはみ出した例を見ておこう。

　姫野カオルコの『リアル・シンデレラ』は、主人公の泉（せん）の立場からすれば、決して「恋愛小説」と呼べるものではないかもしれない。彼女は結婚もし、実家の旅館を見事に切り盛りしているのだが、決して主体になっているようには描かれない。極端な言い方をすれば、彼女はひたすら周囲のために生きており、個人的な幸福に関心を持たないように見える。その意味で彼女は、とても孤独な人間だと考えられる。だが、実際に書かれたものを通して立ち上がってくる彼女の像は、むしろ、孤独から完全に解放されているようにも見えるのだ。

　泉の夫となった男は、もともと妹の婚約者だった。その妹が駆け落ちのように別の男と一緒になったために、仕方なく泉を妻に迎えたのである。後に、夫に心を寄せる若い女性が現れると、泉は直ちに身を引いて、旅館の女将の座も彼女に譲る。そこにはど

ろどろした行き違いもなければ、嫉妬も羨望すら感じられない。そのような、さばさばとした泉の様子に心惹かれ、恋愛に近い交流を持とうとする男性もいるが、彼らはあくまでも彼女の周囲に漂う心地よさを享受するにとどまり、彼女との実態を伴った関係を実現するには至らない。

　いかなる場合においても、泉の他者との関係は、「恋」が作り出してしまう強い好奇心や昂揚感、嫉妬、欲望、嫌悪などの一歩だけ手前にある。恋に近いものは経験するが、恋にはならない。結婚はするが、実態はない。周りの子どもたちから慕われるが、彼女自身には子はいない。だが、彼女にはひとりで生きる人間の悲壮感がまったくなく、激しい恋がもたらすような破壊の影がまったくない。この「孤独」の飲み込み方を、私たちはどのように理解すべきだろうか。

　『リアル・シンデレラ』は「恋愛小説」か？『シンデレラ』を「リアル」にすれば、「恋物語」ではなくなるのか？　それは、『シンデレラ』を原型とする女性の生き方の物語に、一石を投じる考察になろう。

文献案内

ギュスタヴ・フロベール『感情教育』, 生島遼一訳, 岩波文庫, 1971年／山田爵(じゃく)訳, 河出文庫, 2009年
マルグリット・デュラス『愛人』, 清水徹訳, 河出文庫, 1992年
アベ・プレヴォー『マノン・レスコー』, 青柳瑞穂訳, 新潮文庫, 2004年
市川拓司『恋愛寫眞』, 小学館文庫, 2008年
片山恭一『世界の中心で、愛をさけぶ』, 小学館文庫, 2006年
ジョルジュ・サンド『愛の妖精』, 篠沢秀夫訳, 中公文庫, 2005年
小手毬るい『好き、だからこそ』, 新潮文庫, 2007年
オレレ・ド・バルザック『谷間の百合』, 石井晴一訳, 新潮文庫, 1973年
姫野カオルコ『リアル・シンデレラ』, 光文社文庫, 2012年

悪魔のようにハンサムな彼

　女性たちはいつも恋愛に憧れ、時間を費やしてきた。少女たちは理想の男性について語り合い、大人の女性たちは恋人となりそうな男性たち、恋人たち、昔の恋人たちについて語り合う。結婚した女性たちは夫について語り合うかもしれない……が、ロマンス小説も読む。Janice Radway の代表的なロマンス小説初期研究によると、ロマンス小説の読者の大半は既婚女性である。ロマンス小説のほとんどのゴールとなっている「結婚」をすでに経験した女性たちが読んでいるという事実は、恋愛が「娯楽」として女性に消費される言説であり、ロマンス小説が架空のファンタジーとして受け取られていることを意味している。

　ここでは恋愛という言説を利用し、再生産し、変化させている媒体のひとつであるロマンス小説が語ること、特に女性たちの欲望が投影され、凝縮されているヒーロー像が示唆していることを探っていこうと思う。ロマンス小説は女性が書き、女性が消費する媒体である。ハーレクインロマンスシリーズは日本でも有名であるが、いくつかの出版社によってのみ出版されていたロマンス小説は、現在ではさまざまな大手出版社からも出版されるようになり、本屋だけでなく、スーパーマーケットのレジの前で、ドラッグストアの端で、空港のキオスクで入手可能である。2010年のデータによると、ロマンス小説は年間13億ドル以上の売上を計上し、8000タイトル以上が発表されている。ロマンス小説は、髪をなびかせる女性やたくましい胸板をのぞかせた男性を表

紙に、日常生活からの逃避を求める女性たちを誘惑し続けている。

　売上数にも拘らず、ロマンス小説に向けられる視線は冷たい。娯楽小説は文学研究者たちに軽視され、長らく正当な研究対象とはなってこなかった。高度に公式化されたジャンル小説として文学性が低いと考えられるからだけではなく、特に「女性を対象とする」ことがロマンス小説に対する嘲笑や軽視を生んでいる。Pamela Marks は学問的批評は——作品自体に、それらを出版する出版社に、そして暗に、本屋の棚に現れるやいなやそれを消費する読者たちに対する——軽蔑に満ちており、その原因は、女性が読むべき本は読者に批評的立場を取ることを可能にする本であるべきだ、と研究者が考えているからだという。ポピュラーカルチャーとハイカルチャーの境目が曖昧になりつつある現在、そのような区切りは無意味になったはずであり、どのようなテキストについても批評的立場を持つことができるようになった。ロマンス小説に対する蔑視は、もはや過去のものとなっている……とは残念ながらまだ言えないのだが。

　ロマンス小説は、ジェーン・オースティンやシャーロット・ブロンテなどの「高尚な」文学作品に原型を求めつつ、恋愛を語ることだけに精神を集中する。ミステリ小説が凝ったトリックや史上最高（最低）の殺人犯を描くことに努力を費やしてきたように。ということは、ロマンス小説では、理想のヒーロー像を、究極の男性の「モテ」を試行錯誤してきたということでもある。その意味では、男性向けに書かれた恋愛マニュアルよりも、ロマンス小説を1冊読むほうが、男性たちが学ぶことは多いだろう。ロマンス小説は女性たちの願望を集約したものであり、幻想の宝庫なのだ。だが、現実を片目で、または遠目に睨んだ結果でもある。ファンタジーとしてご都合主義の部分が多いのは確かだが、まったく現実と無関係のものとして片付けることもできない。語り続け、読み続けられるロマンスは、現実と交渉しながら、少しずつ変化を遂げてきた。オースティンが女性の権利が限られた状況下で何

とか我慢できる男性をヒーローとして描いたように、ロマンス小説の中でも交渉と妥協は続いているのである。そこで、ロマンスに描かれるヒーロー像とその意味を考えてみたい。なぜわたしたちは悪魔のようにハンサムな男を望むのか？　背が高く、浅黒く、ハンサムな男たちはなぜ女性たちをそれほどまでに惹きつけるのか？　そして恋愛の成就までに語られる物語は、何を教えてくれるのか？

理想のヒーローたち

　蓼食う虫も好きずきという。現実社会ではひとの好みはいろいろかもしれない。しかし、ロマンス小説の中ではヒーローとなる男性は似たり寄ったりである。ロマンス小説は大きく分けると、第二次世界大戦前を舞台とした歴史ロマンス——過去に舞台を置き、貴族や騎士が主人公のもの——と、戦後を舞台とした現代ロマンスがあるが、それに加えて、数多くのサブジャンルがあり、スリラー色の濃いもの、超自然的な出来事が起こるもの、時間旅行が起こるものなどが見られるが、それらも時代的なふたつの分類と交錯する。このように多岐にわたるジャンルにおいても、ヒーローのほとんどは、肉体、身体ともにタフで、人々のリーダー、または一匹狼であり、他者を威圧する圧倒的なカリスマを放つ男性——つまり、アルファメールである。

　アルファメールのヒーローたちは、有無を言わせぬ男性らしさでヒロインたちを魅了する。彼らの肉体的・性的魅力は彼女たちを「本能的」に惹きつけ、出会った瞬間にふたりは抗いがたい力を感じてお互いを求め合う。だが、ヒーローたちの過度な男らしさはマナーのなさや無骨さをも意味し、ヒロインたちは反発を感じ、彼らの傲慢な誘惑をはねつける。Abby Ziddle も言うように、ふたりがこの誤解と行き違いを乗り越えて「固い絆」を結ぶのが、

ロマンス小説の核心である。

　このふたりの誤解や相互理解の欠如を説明するために、ロマンス小説では異文化の出会いという設定を用いる場合がよく見られる。ロマンス小説のひとつの原型と言える、1919年出版のE・M・ハルの『シーク──灼熱の恋』（1921年にはルドルフ・ヴァレンティノ主演の映画の原作小説となった）がその最初の例だろう。ヒロインのイギリス人貴族ダイアナが反発を感じつつも恋に落ちるのは、アラブの族長のアーメッドである。歴史ロマンスの代表と言える、1989年に書かれた『太陽に魅せられた花嫁』（以下『花嫁』と呼ぶ）は、12世紀を舞台にし、ヒーローをスコットランドの領主に、ヒロインをイングランド人とすることによって、互いへの偏見や敵対心を強調している。ヒロインのジェイミーは、イングランド王とスコットランド王の間の友好の証として、スコットランドの強力な領主アレック・キンケイドの妻として差し出されることになる。ある日突然、野蛮な国だと信じていたスコットランドに連れて行かれ、結婚生活を始めなくてはならない彼女の混乱と奮闘がユーモアを持って語られるこの小説は、多くのロマンス小説とは違い、結婚することではなく、敵対する二人が愛し合う夫婦となることがゴールとなる。スコットランド人の野蛮さや不合理さを嫌になるほど聞いていたジェイミーは、短気でぶっきらぼうな彼の一挙手一投足はスコットランド人ゆえのものだとして自分を説得していく。文化の違いのバリエーションとして、『嵐に舞う花びら』では宗教の違い、『マッケンジーの山』では人種の違いなどがふたりの間のギャップを説明するものとして使われている。

　だが、国や宗教や人種、または地方風俗などによって、ヒーローとヒロインの行動様式や思考形態の違いを説明しようとしたところで、ふたりの違いは基本的にいつも同じである。ヒロインは洗練され、細やかな心遣いを持ち、愛情をより豊かに表現するのに対して、ヒーローは不作法で、ぶっきらぼう、冷酷でさえあり、

ヒロインに恐怖さえ覚えさせる。つまり、このふたりの違いは、ジェンダーの違い、いやむしろジェンダー文化の違いなのである。

　今現在の男性・女性文化のひとつの典型が成立したのは、産業革命後とされている。男性が外部、つまり社会を自分の領域とするのに対し、女性は内部、つまり家庭内を居場所とするようになった。この分離領域のイデオロギーにおいて、女性は「家庭のなかの天使」として機能することを期待される。女性は、妻として母として家族の中心に位置し、愛情を惜しみなく与え、家族の精神的な支柱となるのである。愛情・感情は英語圏文化において女性の領域とされてきた。ヒロインとヒーローの間の根本的な違いは、分離領域のイデオロギーに則ったジェンダー文化の反映であることだということができる。

　これらのパターンでは、「男女」の違いが、野蛮と文明の対立に変換されていると考えることもできよう。しかし、この反感を覚えさせるものの魅力的な野蛮さや野性的な性質は、矛盾するようでありながら飽くまでも「社会的」なものでなくてはならない。ロマンス小説批評初期の重要なもののひとつ、Tania Modleski の *Loving with a Vengeance* では、この我慢できないくらいの男性の傲慢さは、経済的安定に基づいたものであるとしている。『花嫁』では、アレック・キンケイドの荒々しい性格は、彼の領主としての優秀な性質や臣下を守る能力を意味する。一方、アレックとともにイングランドへ妻をめとりに来たダニエルは、より穏やかで親しみやすい態度を見せ、彼の妻となった姉のメアリを主人公ジェイミーは最初は羨ましがる。だが、やがて明らかになるのは、ダニエルがまだ正式には領主ではないという点で社会的な能力に劣るばかりか、愛人を持ち、正妻に対して傲慢な態度を取るという事実である。つまり、表面上の優しさは、軽薄さや不誠実さ、または社会的な能力の低さを示唆するものであり、反対に誤解や反感を生む態度はヒーローとしての好ましい素質に基づくものである。ヒロイン自身が社会的な力を持つことが不可能な歴史ロマ

ンスでは、ヒーローが冷酷で傲慢な男であればあるほど、彼との結婚は経済的・社会的により恵まれたものとなる。「悪魔のようにハンサムな彼」の悪魔的に感じられる部分は、ヒロインにとってなじみのない領域において彼が有能であることを示すひとつのサインなのだ。

　アルファメールとの恋愛は、彼の冷酷さや傲慢さが彼女に対するものでないことを確認して、真に成就したことになる。どんなに冷酷で傲慢であろうとも、ヒロインに対して深い愛情を抱いていることが確認できなければ、ロマンス小説はロマンス小説ではないし、冷酷で傲慢なだけのヒーローと恋をするだけの話に、読者たちは身も心も焦がしたりはしない。最初の運命的な出会い以降、反発し合いながら、ヒーローとヒロインは少しずつ彼らの間の文化の違いを乗り越えていく。例えば、『花嫁』のジェイミーは、城の台所の改修を計画し、夫の臣下たちを指揮して工事を始めるが、家の一部に大きな穴が開いているのを見たアレックは怒りを爆発させる。その怒りの激しさに動転したジェイミーは、これはもはや結婚生活の継続は無理だとイングランドの家に帰ろうとする。しかし、彼女を追いかけてきたアレックの「二度と去るな」ということばにジェイミーは彼の愛を感じ、短気な怒りの裏に自分を守ろうとする動機があったことを理解して、ジェイミーは安心し、彼の愛を確認する。彼の怒りは自分に対する怒りではなかったのだ、ということを理解して。このエピソードはふたりの関係が安定したものとなる重要な一歩として語られる。

　先にあげた Modleski の批評では、ヒーローの行動を「解読する行為」は、読者たちが（そして同時にヒロインたちが）自己を肯定する方法を模索し、女性の怒りと男性の敵意を中和した結果だと指摘している。Dawn Heineken はこれは多くの女性にとって社会的な現実をそのまま繰り返していることだと説明する。だがこの「解読」は、多くが好意的または希望的誤読であろう。恋愛の成就において欠かせないこの誤解の解消は、自分の結婚する

相手が真に自分を愛しているのだと信じなくてはならないロマンティック・ラヴ・イデオロギーに影響された女性の幻想だということができる。ジェイミーが自分を引き止める夫の怒りと行動に「真の愛」を確認するエピソードは、よくある幻想のひとつであることは言うまでもないだろう。

　その幻想の延長上には、真の愛があれば相手は変わり、豊かに愛情表現をしてくれるようになるという、より高度な幻想がある。もちろん、それもロマンス小説では展開されている──ヒロインによる、ヒーローに対する愛情の再教育である。『花嫁』では、アレックは妻は取るに足らない存在で、ふたりの結婚は政略結婚以上のものではないという態度を取り続ける。しかし、臣下の視点から彼が彼女と結婚したことによって冗談を言うようになったことが指摘され、またアレック自身のことばで、初めて「充足感」を感じるようになったと語られる。家庭という場において、愛情深い主人として振舞うことができるようにヒロインがヒーローを「変えた」のだ。これでこそ、「家庭の天使」に望まれた役割、精神的支柱として望まれる女性の役割を見事に果たしていることになる。夫のアレックは、家の外ではまさに戦士であるが、家はジェイミーの治める平安の場所となっていく。『嵐に舞う花びら』では、体に障害を負い、ことばを失った暴君のヒーローが、ヒロインの献身的な介護により愛を表現することばを獲得するという、比喩的なレベルでの感情表現の発達における女性の重要性を語っている。つまり、ヒロインとの関係を築くことは、アルファメールの男性が愛に目覚め、表現力を獲得していくことであり、それが理想のロマンスの完成形なのである。

ロマンスの受容とその問題点

　このような分離領域のイデオロギーに基づいたロマンスを繰り

返し語り続けること、これが実はフェミニスト批評家にロマンス小説が軽蔑をもって見られるひとつの大きな原因である。先に述べた Marks は、ロマンス小説読者の女性たちが女性を家庭という場所に押し止めようとする広大な家父長制の陰謀において、知らず知らずのうちに駒となっていることが軽蔑の一因であると指摘する。ロマンス小説に対する最も手厳しい批評は、「家父長制の継続」に集約される。Radway はロマンス小説を読むこと、そして書くことは、女性たちが男性の付属物であるという社会的状況の結果を探ることであると同時に、彼女たちの強い要求を満たすことでもあり、またそれは女性たちに求められる要求をそのまま許容するよりも望ましい状態を想像する試みであるとする。つまり、読むこと、書くことは、変化を起こさせる活動の可能性を秘める行為であると指摘する。しかし、Radway はその変化の可能性がフィクションに投影されるのみで、実際の変化を促進しないことを危惧している。先にあげた Modleski も、女性たちが家父長制社会において犠牲者となるサイクルを再生産してしまっていると指摘している。

　遠い昔を舞台とする『花嫁』では、習慣も違う異国の地において、どうジェイミーが「家庭」を作っていくか、どのように自分の居場所を確保し、その場を支配するかがゴールになっているが、そこは飽くまでも家の中であり、彼女の役割はあくまでも補助的なものである。ジェイミーは卓越した医療の知識を見せ、アレックたちが諦めた兵士の命を救うが、その際に「戦場の指揮官のように振る舞う」ことで、文字通り戦場である外で戦う夫と対照の存在として、家庭を切り回す能力・彼をサポートする能力を発揮したことになる。ユーモラスに語られる彼女の特徴である方向音痴は、彼女がイングランドに帰ろうとして反対方向に行ってしまうことが物語るように、彼女が連れてこられた家の中にいるしかない運命をも示唆している。最初の "Bodice Ripper"――コルセットを強引な男性に引き裂かれるシーンが特徴の初期の露骨な

性描写があるロマンス——として知られる1972年出版の『炎と花』はこう幕を閉じている。「世の中にとっては、彼女たちは弱々しく、誰かに守られることが必要な存在かもしれない、しかし彼女たちの愛は信じられないくらい大きな力と勇気を与えてくれるのである」。女性にとっては、知能や世の中を渡る技術がなくても、美しい愛さえあれば——つまり家にいて、夫子どもに対してよい妻・母親でさえあれば——幸せなのだという結末である。

新しいヒーロー像

だが、近年のロマンスは少々違う。Dawn Heineken はふたつの主要なロマンス小説研究書に触れた後で、「1990年代のロマンスはフェミニズムに影響を受けている」と断言している。今までのテキストには「密かに」家父長制に対する反抗が隠されているだけであったが、1990年代のテキストには堂々としたフェミニスト的主張が見られると論じている。Kay Mussell が言うように、1980年代から1990年代のあいだにロマンス小説全体に起こった変化の結果として、さまざまなサブジャンルが生まれただけではなく、ジャンル全体が成熟したこともその理由である。したがって、お決まりの類型に留まらず、複雑で多様性に富むプロット、登場人物が描かれるようになった。さまざまなトーンやスタイルが現れ、ハッピーエンディングが圧倒的に多いのは確かだが、それでもより多様性があるものとなった中で、現実にも対応したヒーローとヒロインの関係が描き出されるようになったのだ。そこに描かれるヒーローたちは、今までのアルファヒーローとは違ってきている。その新しいロマンス小説、特に現代ロマンスでは、ヒロインが（性的のみにではなく）ヒーローの愛情深さに心を開くというパターンも出てきている。つまり、ベータヒーローの誕生である。

ベータヒーローは社会の変化に伴った、今までのヒーローからの発展形である。かつてのような厳密な社会領域の分離が行われなくなった今、ヒーローはより愛情を表現することができる人間へと成長している。社会はもはや男性のみに許された領域ではなく、家庭も女性だけの領域ではなくなった結果として、社会的能力と感情は男性と女性それぞれのものではなくなった。Ziddleはこのような新しいヒーローたちは、男女間のコミュニケーションの成功例であり、また現実社会での失敗からの一時的な休息であると指摘している。そして、これは初期のフェミニズムのゴール──「男性を変え、〈文明化〉し、馴らす」──への回帰を意味するのだと言う。

　ロマンス小説におけるベータヒーローの好例は、『優しい週末』のハリー・ストラットン・トレヴェリヤンである。ハリーは科学史研究者であり、その点ですでに肉体的側面において男性らしさに満ち溢れるアルファメールのヒーロー像からは逸脱している。それに加え、物語もハリーがどのようにヒロインのモリーを誘おうかと思い悩むところから描かれる。彼は、豊かな女性遍歴を持つ、傲慢で自信に満ち溢れたアルファメールには程遠い穏やかで心優しい人間である。超能力ミステリでもあるこの小説は、さまざまな危険を乗り越えてふたりが幸せに結ばれるまでが描かれるが、このふたりの社会的な関係は『花嫁』の主人公ふたりのものとは大きく隔たっている。紅茶専門店の経営者でもあるモリーは、彼女が代表を務める非営利団体の助成金の選考のため、科学史家のハリーを雇っている。つまりふたりの力関係は、歴史ロマンスものとはまったく異なっているのである。モリーとの出会いにより、複雑な家庭事情を持つハリーが超能力を持つ自分自身を受け入れることができるようになったところで幕を閉じることで、ヒロインの介入がヒーローの「精神的成長」を支援するという決まった筋書きは踏襲しながらも、ふたりの関係はより中立的な舞台に移されている。Heinekenが新しいロマンスの形として指摘

しているように、ヒロインがより社会的な力を持ち、経済的精神的に独立していると同時に女性とのネットワークを確保している姿が描かれ、ヒーローも決して暴力的ではなく、精神的な弱さも持つ人間として描かれている。

　社会と家庭を男性と女性に分離しない現在を舞台とすると、アルファメールを描くことは困難になる。残り少なくなった男性の領域に君臨する正当なるアルファメールはどこに存在するか？という疑問に対する答えを与えているのは、スーザン・エリザベス・フィリップスの『あなただけ見つめて』である。この物語は、なりゆきでプロのアメリカン・フットボールチームのオーナーとなってしまった女性と、そのチームのコーチの恋愛物語である。この小説では、ヒロインをオーナーという経済的により強い位置に置きながらも、昔ながらの女性と男性の文化の衝突を描くことが可能となっている。アメリカン・フットボールという圧倒的な男性的世界に生きるヒーローを準備することにより、経済的・社会的ルールだけに縛られない、男女の文化の衝突が起こる。肩パッドとスパンデックスのショーツをつけた大男たちの中に、ヒロインは果敢に突入する。しかし、ヒーローはただのアルファメールではない。最終的には、ふたりの結婚の後、プロスポーツチームのオーナーという多忙な職にある妻のため、子どもの世話をすることを考えて、プロチームのコーチを辞め、より家族のための時間が持てる弱小大学チームのコーチへと転職する。彼はアルファメールの仮面を被ったベータメールなのだ。もはや男性の社会的地位のみが男性の価値を決めることがなくなった──と女性たちは思いたい──社会を投影し、男性と女性の分離領域の問題は形を変えてロマンス小説の中に描かれ続けているのである。

変化した社会の中で読まれ続ける
アルファメールが語ること

　だが、『あなただけ見つめて』のように現代を舞台にした小説においても男女の「文化」の違いを強調し、（完全ではなくても）アルファメールをヒーローとしようとする小説が描かれている状況は、ある意味で歴史ロマンスがロマンス小説の中で最も多く書かれ、最も人気があることと合わせても、アルファメールに対する変わらない読者の欲望を意味している。アルファメールに対する需要が高いならば、彼らの生息が難しい現代よりも、中世や19世紀を舞台にした方が手っ取り早い。歴史ロマンスの中では、ヒーローは勇猛果敢で粗野な戦士でいることができる。その設定であれば、読者たちは自分の現実を忘れ、より純粋なファンタジーとして楽しむことができる。その世界は、強く傲慢なアルファメールが支配する。

　そこで、ロマンス小説が家父長制を肯定し、永続させてしまうという批判に対し、作家たちは純粋なる「ファンタジー」であることを主張する。Doreen Owens Malek は、実生活では「思いやりがあり、繊細で、現代的な男性」を求めるが、小説中では「尊大で、荒削りで、神話的な男性」が欲しい、という。そして、このファンタジーには、エンパワーメントが隠れていると Susan Elizabeth Philips は主張している。Malek も Philips も最終的には、ヒロインたちが勝利を収めることが、女性のファンタジーとしてロマンス小説が機能している証拠であると言う。主人公たちが肉体的には男性よりは弱く、知識も少なく、場合によっては教育程度も低くても、度胸と知恵でヒーローを征服する、これは「なんと心地よいファンタジーだろうか」と。1980年代以降に書かれた歴史ロマンスにおいては、全般的に権力・能力が劣るヒロインでも、『花嫁』のジェイミーのように、確かにただ愛情・精神面によって男性を癒すのみでなく、女性の領域から逸脱しない、ま

たは少しだけ逸脱した、何らかの優れた能力を持つ人物として描かれることが多い。気が強く、自己肯定能力が高いこともよくある。しかし、それでもヒーローの社会的・経済的・肉体的優位は揺るがない。

　ここで最後に問いかけるべき問いが残っている。現代ロマンスよりも歴史ロマンスの方が圧倒的に多く書かれ続け、また読まれ続けていることは、ある種の現実を示唆してはいないか？　なぜわたしたちのファンタジーの対象は悪魔のようなアルファメールたちなのか？　現実との差異を認識している限り、ファンタジーにしかすぎないことをわかっている限り、どんな妄想であっても抱くのは自由のはずだという議論は正しい。多くの女性たちにとって恋愛がファンタジーでありながらも、現実を生きる術であったことを考えれば、ロマンス小説は現実との交渉を行いながらも、ファンタジーに逃げる場所でもある。現代を舞台にしたロマンス小説がより現実に近づく一方、歴史ロマンスは時代的・空間的に遠く離れたファンタジーとして、現実逃避することを許す。だが、わたしたちはポルノグラフィーの中で描かれるフィクションのレイプファンタジーを、現実社会からまったく切り離すことはできないとして批判してこなかったか？　たとえ、ロマンス小説作家たちがいうとおり、ファンタジーの中では身体的に適うことのできない男性たちを征服することができ、その勝利の感覚をわたしたちが求めているとしても、「強く」「優位にある男性」をねじ伏せなくてはならないと思っている事実が、そして彼らを征服することによって自分の力が肯定されると思っている事実が、わたしたちの現実を物語っているのではないか？　そしてわたしたちがこれらのファンタジーを享受し、再生産しつづける限り、それはまた現実に反映されるのではないか？　このような疑問をわたしたちに突きつけながら、「悪魔のようにハンサムな彼」は読者の女性たちに微笑み続けている。

考える時間：解釈のこころみ

　恋愛映画を見て、ヒーローとヒロインの関係を分析してみよう。恋愛が成就するまでにふたりの間に立ちはだかる問題は、何を意味しているのだろうか？

『ブリジット・ジョーンズの日記』
　A：ブリジットをめぐるふたりの男性、ダニエル・クリーヴァーとマーク・ダーシーはどちらがアルファメールで、どちらがベータヒーローだろうか？　彼らの性質——倫理観、仕事に対する姿勢、職業、家庭性、ヒロインが彼らと知り合いになったきっかけ——を考慮に入れて考えよう。
　B：ブリジットとマークの間に横たわる問題は何だったのだろうか。どのような経過を経て、その問題は解決されただろうか？
　C：マークの「そのままの君が好きなんだ」ということばは、女性たちの願望のどのような側面を物語っているだろうか？
　D：ブリジットの仕事は、恋愛にどのように影響しているだろうか？　またはふたりの男性は彼女の仕事にどのように影響してくるだろうか？　それは女性と仕事という問題について、何を物語っているだろうか？

『ノッティング・ヒルの恋人』
　A：アナとウィリアムの住む世界はどのように違っているだろうか？　ふたりの対照は、伝統的な男性と女性の領域からどのように逸脱しているだろうか？
　B：ウィリアムとアナの性格や行動について考えてみよう（「大昔の女の子しか言わない」という "woopsy daisy"

ということばが思わず口につくウィリアムと、共同庭園のフェンスをやすやすと登るアナ)。アナにとって、ウィリアムの家の中と外はどのような役割を果たしているだろうか？ アナとウィリアムにとって、「恋愛」の重要性はどのように描かれているだろうか？

C：アナが後半にウィリアムに対して言う、「ただの女の子だ」ということばは、女性と社会・家庭・結婚に関するどのような考え方を根底にしているのだろうか？

ハリウッド映画には、ロマンス小説のフォーマットを忠実に再現するものはほとんど見られない。それはなぜだろうか？ その理由を考えてみよう。

A：小説と映画の媒体の差から何が言えるだろうか？ 原作者／脚本家、監督、プロデューサー、制作会社の誰が、どのようにして、どんな映画が、製作されることが決められるのだろうか？

B：映画の消費のされ方は、小説とどのように違っているだろうか？ 消費者が映画に求めることと、小説に求めることにはどんな違いがあるだろうか？

文献案内

批評

Modleski, Tania. *Loving with a Vengeance: Mass Produced Fantasies for Women*. New York: Routledge, 1982, 2008

Radway, Janice A. *Reading the Romance: Women, Patriarchy, and Popular Literature*. Chapel Hill: University of North Carolina Press, 1984, 1991

Malek, Doreen Owens. "Mad, Bad, and Dangerous to Know: The Hero as Challenge." Krentz, Jayne Anne (ed), *Dangerous Men and Adventurous Women: Romance Writers on the Appeal of the Romance.* Philadelphia: University of Pennsylvania Press, 1992. 73–80

Phillips, Susan Elizabeth. "The romance and the Empowerment of Women." Krentz, Jayne Anne (ed), *Dangerous Men and Adventurous Women: Romance Writers on the Appeal of the Romance.* Philadelphia: University of Pennsylvania Press, 1992. 53–60

Mussel, Kay. "Where's Love Gone." *Para·Doxa* 3. 1–2 (1997): 3–15

Heinecken, Dawn. "Changing Ideologies in Romance Fiction." Kaler, Anne K. and Rosemary E. Johnson-Kurek (eds), *Romantic Conventions.* Bowling Green, OH: Bowling Green State University. Popular Press, 1999. 149–172

Marks, Pamela. "The Good Provider in Romance Novels." Kaler, Anne K. and Rosemary E. Johnson-Kurek (eds), *Romantic Conventions.* Bowling Green, OH: Bowling Green State University. Popular Press, 1999. 10–22

Ziddle, Abby. "From Bodice-Ripper to Baby-Sitter." Kaler, Anne K. and Rosemary E. Johnson-Kurek (eds), *Romantic Conventions.* Bowling Green, OH: Bowling Green State University. Popular Press, 1999. 23–34

小説

Woodiwiss, Kathleen E. *The Flame and the Flower.* New York: Avon, 1972, 2003 （ウッディウィス, キャサリーン『炎と花』上・下, ヴィレッジブックス, 2005年）

Garwood, Julie. *The Bride.* New York: Pocket Star (Simon & Schuster), 1989 （ガーウッド, ジュリー『太陽に魅せられた花嫁』, 鈴木美朋訳, ヴィレッジブックス, 2007年）

Howard, Linda. *Mackenzie's Legacy.* Toronto: Harlequin, 1989, 1992, 2009 （ハワード, リンダ『マッケンジーの山』, 髙木晶子訳, ハーレクイン, 2009年）

Kinsale, Laura. *Flowers from the Storm.* New York: Avon, 1992 （キンセイル, ローラ『嵐に舞う花びら』上・下, 清水寛子訳, 扶桑社, 2010年）

Phillips, Susan Elizabeth. *It Had To Be You.* New York: Avon, 1994 （フィリップス, スーザン・エリザベス『あなただけ見つめて』, 宮崎槙訳, 二見書房, 2006年）

Hull, Edith Maud. *The Sheik,* 1919. London: Virago, 1996 （ハル, E. M『シーク──灼熱の恋』, 岡本由貴訳, 二見書房, 2012年）

Krentz, Jayne Ann. *Absolutely Positively.* London: Arrow, 1996, 1998 （クレンツ, ジェイン・アン『優しい週末』, 中村三千恵訳, 二見書房, 2012年）

映画

『ノッティングヒルの恋人』 *Notting Hill.* Dir. Roger Mitchell. Perf. Julia Roberts, Hugh Grant, Richard McCabe, Rhys Ifans. Universal Studios. 1999.

『ブリジット・ジョーンズの日記』　*Bridget Jones's Diary*. Dir. Sharon Maguire. Perf. Renée Zellweger, Colin Firth, Hugh Grant, Gemma Jones. Miramax. 2001

語り直されるテクストとジェンダー

美女と野獣、騎士と精霊

誰に恋をするのか
――神話と生きる今――

美女と野獣、騎士と精霊

　恋をするのは人間同士とは限らない。物語の世界では、人間と人間ならぬ異形の生き物とのあいだの恋もまた生まれる。日常世界ではありえないそうした恋が描かれるのは、物語というものが私たちの生きている世界の本質を象徴的な手法で描き出すからだ。普段は隠れている私たちの感情や欲望、外からは見えない男女の関係、それらをはっきりと感じ取れる姿で示すのが物語の役割である。

　ふたつの恋を取り上げよう。

　ひとつは人間である女性（物語の世界では美女ときまっている）と、目を覆いたくなるほど醜い獣とのあいだに生まれる恋。すなわち美女と野獣の恋。もうひとつは人間である男性（例えばりゅうとした身なりの騎士）と、美しい女性に変身した自然の霊とのあいだに育まれる恋。すなわち騎士と精霊の恋。

　これらの恋では少なくとも一方は人間である。児童文学に見られるような動物同士の恋は別の分野の物語であり、ここでは取り上げない。またこれらはそれぞれ昔話にある動物花婿および動物花嫁の話型とも隣接しており、異類婚姻譚の範疇に含まれるだろう。

アプレイウス「クーピードーとプシケー」

　美女と野獣の恋の原型は、二世紀、古代ローマの作家アプレイウスが書いた『黄金のろば』の中の「クーピードーとプシケー」にある。これは嫁いじめに関する民間のおとぎ話を神話に取り込んだものだ。プシケーは三人姉妹の末っ子で、姉たちは結婚しているが、美しすぎる彼女にはもらい手がなく、ウェヌスの嫉妬さえ引き起こしてしまう。プシケーを怪物の花嫁にせよとの神託がくだって、彼女は美しい庭園に囲まれた宮殿へ決死の覚悟でおもむくことになる。夜になって怪物が近づき、ふたりは夫婦の契りを結ぶが、彼はぜったいに姿を見せない。しかし、とうとうプシケーは、眠り込んだ夫に燈火を近づけて、それがじつは美しい青年である愛の神クピドーだとわかる。

　　いきなり目に映ったものは何あろう、あらゆる獣類のうちでも一番に美しい、一番に可愛らしい野獣、とりもなおさず愛の神その方が、様子の良い神様のいかにも様子よくやすんでおいでのすがたです。

　クピドーは目覚め、驚いて逃げ去るが、プシケーは彼をもとめてさまよい、最後にユピテルのとりなしで、ふたりは和解する。
　神話の世界の物語らしく、ここでは神と人間の交わりが描かれる。ヒロインは美しい末っ子であり、怪物が美しい青年に姿を変えるという「美女と野獣」の基本類型がすでにここにある。

ボーモン夫人『美女と野獣』

　さて時代が下って、美女と野獣の伝承は、18世紀のフランスにおいて、いっそうはっきりとした物語の形をとるようになった。

1740年には、ヴィルヌーヴ夫人が187頁におよぶ長い物語を書いた。その十数年後、こんどはボーモン夫人が同じ題材を取り上げる。こちらはわずか17頁と短いが、後世の作品の規範となり、今日まで読み継がれている。夫人は多くの著作を残したが、その中のひとつが1757年に発表された子ども向けの教育事典である『子どもの雑誌』であり、「美女と野獣」を含む16篇の物語が収められた。

あらすじはよく知られているので詳述する必要はないだろう。父の身代わりに命をさしだす覚悟で野獣の館へおもむいたベルは、むしろ彼の心優しさに惹かれていく。最初の出会いから、彼女は野獣の外見をそれほど恐れてはいない。

> 「あなたってほんとうにいい方ですわ」とベルが言いました。「正直に言って、あなたのそんなお心づかいがほんとうに嬉しいんですの。そう思うと、あたくしにはあなたが醜いように見えませんわ」

だが、彼はただ単に醜いだけではなく、知恵がなくてバカなのだとベルに言う。他方で、悪しき娘であったふたりの姉たちは、それぞれ美貌の男と才気煥発の男と結婚するが、結局は不幸になる。ベルこそが、そうした外見に惑わされず、誠実で愛情深い伴侶を選ぶ目を持っており、父の良き娘であることを貫いた報酬として幸せな結婚を手に入れるのだ。

ギリシア・ローマ時代の民間伝承をまとめた物語である「クーピードーとプシケー」と、18世紀宮廷の女性作家の手になる「美女と野獣」では、ヒロインの造形が異なっていることがわかるだろう。プシケーはたんなる美女だが、ベルは心優しく賢明なヒロインだ。プシケーは天上の運命を相手にしているが、ベルが闘うのは地上の魔法である。プシケーは神によってさらわれるが、ベルはみずからの意志によって野獣の館へ行く。

「ジェンダー」を読む　146

ベルにとっては、結婚の相手となる男性がはじめは野獣の姿で現れる。そこには彼女と父との強い結びつきが関係しているだろう。彼女が求めるバラは、彼女にとって未知の、手の届かないものを象徴している。他方で、野獣がそれほどまでにたいせつにしているバラは、醜いがゆえに美しいものを愛する彼の心情を示しているだろう。

　もともと女性の教育のために書かれたこの物語には教訓の要素が強いが、しかし伝承に基づく物語構造は柔軟でありながら強靭さを持っている。このあと「美女と野獣」の物語はさまざまに変奏されていくだろう。

コクトー『美女と野獣』

　『美女と野獣』の数ある読み直しの中でもよく知られているのは、ジャン・コクトーによる映画化である。少年時代にボーモン夫人の『美女と野獣』を愛読したコクトーは、1946年、みずから脚本を書き、監督も務めた映画を発表した。音楽担当のオーリック、衣装と美術担当のベアールなど、フランス映画界の一流スタッフが参加した。パリ近郊のラレーにある古城で撮影され、18世紀の宮廷恋愛は、20世紀の美しく荘厳な光と闇からなる映像空間へと移し替えられた。

　ボーモン夫人の原作に基づきながらも、コクトーはいくつかの改変を行った。アプレイウスの神話では、クピドーは野獣の姿で現れるわけではなく、彼は姿を明らかにしないままプシケーと結ばれる。ボーモン夫人の物語では、野獣はその醜い姿をベルの目の前にさらけだす。とはいえ、ベルのほうでは恐怖に震えおののくわけではない。ところが、コクトーは、映像という目に訴える手段の利点を最大に活用した。彼は、人間の内なる獣性を外面へと投影させて、特殊メイクを用いて異様な外貌を作り出した。そ

の効果は映画を見れば明らかだ。最初の出会いにおいて、あまりの恐ろしさにベルは気絶する。

　だが、次第にベルの強いまなざしの力が野獣を手なずけていく。みずからの獣性におびえ、醜さに悩む野獣の姿が痛々しい。ひとはみな自分の醜い面を隠して生きているが、彼は愛する女性の前で醜悪な姿を晒していなければならないのだ。野獣の外貌のおぞましさと、その心の優しさと弱さ、この対比をコクトーは描き出す。

　　ベート（野獣）わたしは、心はやさしい。だが、野獣なのだ。
　　ベル　野獣のあなたより、ずっと醜悪なくせして、その醜さを隠そうとしている人間どもが、この世には、うじゃうじゃいるわ。

　病気の父を見舞うため、一週間の期限で帰宅を許されたベルは、父親を説得しようと試みる。野獣は悩んでおり、自分をどうしていいかわからず、他人に対するよりも自分に厳しく、あの目はとても悲しそうだと父に言う。「あたしがいてあげて、あの方が自分の醜さを忘れてくれれば、これに増す幸せはないんですもの」。このベルのことばは意味深い。彼女は野獣の醜さをまったく意に介していない。醜さを忘れられずに苦しんでいるのは、当の野獣なのだ。

　物語の最後では、ベルは瀕死の野獣に向かって「獣は、あたしのほうよ」ともらす。野獣が姿を消して、そのあとに出現した王子は「もはや野獣はいない」と言う。この逆転現象によって野獣の主題が広がりを帯びる。

　コクトーは、原作にはない人物として、ベルに言い寄るアブナンを作り出した。マレーがアブナンと野獣の両方を演じることによって、美貌ではあるが中身のないアブナンと、醜いが心優しく誠実な野獣の対比が浮き上がり、このふたりが反転することになる。コクトーらしい合わせ鏡のような反転を用いて、彼は人間の

「ジェンダー」を読む　　148

獣性とは何かと問いかけるのだ。

グリム「蛙の王子」

　醜い獣が美女に恋をする。これは動物花婿物語の一類型である。女性にとって自分の結婚相手となる男性がはじめは動物の姿で現れて、やがては幸せな結婚へといたる。伝承説話に多いが、中でもよく知られているのは、『グリム童話集』第1巻（1812）の冒頭に置かれている「蛙の王さま」と「蛙の王子」だろう。このふたつの物語では、醜い蛙が姫に求愛し、最後には美しい王子に変身してふたりが結ばれるという話型は同一である。ただ前者では、姫はどこまでも蛙を嫌い続けて、ついには壁に投げつけるという乱暴な振る舞いにおよぶ。このヒロインは、その性根の悪さにもかかわらず王子と結婚するという幸せを手に入れるので、この物語は多くの読者をとまどわせてきた。良き娘の良き結婚というボーモン夫人の単純な物語に比べると、グリムの童話は一筋縄ではいかない複雑さを秘めているといえる。

　他方で、短いほうの物語「蛙の王子」では、ヒロインが蛙の外見に隠された優しさに気づくまでにはいたらないものの、とりあえずはこの動物を受け入れる。私たちがここで扱っている美女と野獣の話型にずっと近いと言えるだろう。姫はこう反応する。

> 「あら！　かえるだわ、ほんとうに、あたしのおむこさんが来たのよ」と、おひめさまが言いました、「しかたがないわ、あたし、お約束しちゃったんだから、あけてやりましょ」。お姫さまは、ねどこから起きて、戸を、ほんのすこしばかりあけてやって、それから、また横になりました。

　この姫もまたベルと同様に、三人姉妹の末っ子である。姉ふた

りが蛙の求愛をすげなくはねつけるのに対して、このいささか軽率な末娘は、深い考えもなく蛙を受け入れて、そのあとの約束をきちんと守るのだ。そのごほうびに彼女は、ふたりの姉とは異なり、王子と結婚することになる。彼女にはベルに見られたような聡明さを感じることはできない。ただ、そのいかにもおおらかな性格が読み手を安心させ、幸せな結末を納得させる。

ロスタン『シラノ・ド・ベルジュラック』

　野獣が美女に恋した場合、最後には男振りの王子さまに変身してこそ恋が成就する。この美から醜へのあざやかな、ときには唐突な転換、それがおとぎ話の世界だ。ただ、こうした転換がなくても、美女が野獣のような男性に心惹かれる物語もある。

　ユゴーの長編歴史小説『ノートル・ダム・ド・パリ』（1831）では、中世パリの大聖堂を舞台に、ジプシー娘のエスメラルダをめぐって、邪欲に汚れた司教補佐、美男の王室親衛隊長、そして醜い大男の鐘番カジモドが争う。これは教会権力と王権と民衆の対立の図式でもある。中でも、民衆を代表するカジモドは、エスメラルダに清らかな愛を抱き、娘のほうでもいのちの恩人である彼の優しい心に気づく。とはいえ、エスメラルダの恋情は、美男の隊長に向けられたままだ。そして、おとぎ話とは違って、ここでは野獣が美しい王子に変身するという結末はない。最後まで醜いままのカジモドは、死んだエスメラルダを抱きしめて、みずからも死ぬことしかできない。「二つの骸骨が見つかった。その一つは奇妙な恰好で、もう一つのものを抱きしめていた」と、物語は結ばれる。

　他方で、ロスタンの戯曲『シラノ・ド・ベルジュラック』（1897）では、シラノはその醜い姿のままロクサーヌの愛を得ることになる。剣の達人にして希代の詩人であるシラノには、大きすぎる鼻

という弱点があった。従妹のロクサーヌにかなわぬ恋情を抱くが、彼女の心は美男のクリスチャンへと向けられる。ところが、クリスチャンにはシラノのような文才はまったくなく、気の利いた台詞ひとつ言えない。クリスチャンは「ああ、優美な言葉が語れたなら！」と嘆き、シラノは「颯爽たる美青年の士官であったなら！」とため息をつく。それぞれ自分に欠けているものに自覚的な彼らは、力を合わせることを決意する。「華やかな弁舌が欲しい」というクリスチャンに、シラノは「貸してやるよ、俺が！」と応答し、さらにすかさず「君は、心惑わす美しい肉体を貸してくれ。俺たち二人で、恋物語の主人公になろう！」とつけ加える。

　とはいえ、これは対等の協力ではない。得をするのは美男のクリスチャンのほうであり、シラノは黒子に徹するだけだ。第三幕では、『ロミオとジュリエット』ばりのバルコニーの場面において、ロクサーヌにクリスチャンが相対面し、他方でシラノは暗闇に隠れて、心をとろかす恋の口舌を放ち続ける。その麗句にロクサーヌはすっかり酔いしれて、クリスチャンに口づけを与えることになる。第四幕では、シラノとクリスチャンが戦場に駆り出されるが、シラノは友人に成り代わって何通もの恋文を認めてロクサーヌに送りとどける。その文面に現れた心情に惹かれて、ロクサーヌは戦場に駆けつけてくるが、その目の前でクリスチャンが戦死する。

　それから14年後、第五幕、修道院の場において、ロクサーヌは自分の心を魅了した手紙の主が実はシラノであったことを知り、闇討ちに遭って瀕死の状態にある彼に向かって、はじめて愛を告げるのだ。

　　ロクサーヌ　愛しております、生きていてくださいまし！
　　シラノ　いけない、いけない！　お伽噺の中の話だ、「愛しています」の言葉を聞いて、自分の顔を恥じてきた王子の醜さが——輝く日の光だ！　この言葉でたちまちに、消えてな

くなる……だが、わたしは、一向に変わりはしない。

　このお伽噺とは、もちろんボーモン夫人の『美女と野獣』である。シラノは、王子とは違って変身しない。しかし、その一向に変わりはしないシラノをロクサーヌは愛するのだ。シラノが事切れて幕となるが、死を前にして、彼は醜い姿のまま、長いあいだ恋い慕っていた女性の愛を勝ち得ることになる。

　とどのつまりは、愛さえあれば美醜は問題ないということなのか。ペロー『長靴をはいた猫』におさめられた「捲き毛のリケ」の結末がそれを示している。恋人の魂や精神の長所を充分に理解した姫の目にとって、「肉体の不格好なことや、容貌の醜いことなどは、もはや気にならなくなってしまった」のだ。

　他方で「美女と野獣」の物語パターンは、通俗化しがちな要素も含んでいる。1933年のアメリカ映画『キング・コング』や日本の『ゴジラ』映画シリーズに代表される怪獣映画や怪物映画には必ず美女が登場して、怪獣たちのお気に入りとなる。ほかにもテレビ・ドラマやマンガなど、この『美女と野獣』を主題とした二次作品は数多い。

フーケー『ウンディーネ』

　美女が野獣に次第に心惹かれていく物語をいくつか検討したが、今度は、人間の男が水の精の魅力にとらえられる物語を取り上げてみよう。水の精あるいは人魚伝説は、古代ギリシアのセイレーンに始まり、ライン河のローレライなど、各時代および各地に広く分布している。これらは男を誘惑する女であるファム・ファタル（魔性の女）の系譜に属するが、「恋する」という私たちの主題にはそぐわない。

　ここで扱うのは、もっと一途に人間の男を恋する水の精たちの

話だ。よく知られているのはウンディーネである。ドイツ・ロマン派の作家フーケーは、16世紀のパラケルススから題材を得て、1811年、水の精が人間の騎士に恋する物語『ウンディーネ』を発表した。パラケルススによると、ウンディーネには本来魂がないが、人間の男性と結婚すると魂を得る。しかしこれには大きな禁忌がつきまとう。ひとつは夫は妻を水辺でののしってはならない。さもないと妻は水中にもどってしまう。ふたつ目は夫は再婚してはならない。さもないと水の精が夫のいのちを奪いに現れるというものだ。

騎士フルトブラントは岬の漁師の家で出会った不思議な娘ウンディーネと結婚する。彼女は自分が魂を持たない水の精であると告白し、いまでは人間の男性と愛によって結びついたために魂を得ることができたと深く感謝する。ところが、そのあとは物語の常道にしたがって、騎士がふたつの禁忌を犯してしまう。彼はドナウ河の水上でウンディーネをののしり、次にはベルタルダと再婚するのだ。ウンディーネは掟にしたがって、騎士のいのちを奪わなくてはならなくなる。

> とうとう騎士は息も絶えて、美しい女の腕から寝床の枕の上に骸となって、しずかに倒れた。「あの方を涙で殺しました。」女は控えの間で会った数人の召使にそう言い残し、驚く人々の間を通り抜け、泉のほうへとしずかに出て行った。

ここには水の精伝説の基本的な要素が示されている。水の精は自然の一部であり、その掟にしばられている。彼女は純真で、無垢であり、人間の社会になじむことはできない。彼女が恋する人間は、身分の高い騎士であったり王侯であったりするが、彼女と人間界の隔たりは大きく、恋が成就するための条件は厳しいものだ。この恋ははじめから挫折することが決定づけられている。

ジロドゥ『オンディーヌ』

　フーケーの小説は、20世紀のフランスにおいて、ジャン・ジロドゥによって戯曲のかたちで語り直されることになった。フランス人作家の中でも有数のドイツ文学通である彼は、『ウンディーネ』に依拠して、『オンディーヌ』を書き上げた。宇宙的精神の権化である水の精オンディーヌと、彼女をついに理解しえなかった人間の騎士ハンスとの物語は、メルヘンの世界を人間の越えがたい宿命に支配された悲劇にまで高めたのだ。初演は、第二次大戦勃発の四か月前、1939年4月、パリのアテネ劇場である。高まる国際的緊張の中で、ジロドゥは現実から遊離した恋愛悲劇を書き、そこに彼特有の詩情と幻想性を盛り込んだ。

　第一幕、ある日、森に迷い込んだ騎士ハンスは一軒の家を訪れ、もてなしを受ける。そこに現れたオンディーヌは、この人間の騎士を愛してしまう。第二幕では、人間界の宮廷に行ったオンディーヌが、そこでの生活になじめず、一方ハンスはオンディーヌに飽きて彼女を裏切ることになる。そして第三幕、水の精の王は、約束にしたがってハンスの生命を奪い、それと同時にオンディーヌをあわれんで彼女の人間界でのいっさいの記憶を抹消する。

　オンディーヌは一時的に気を失い、意識を取り戻したとき目の前に死んで横たわるハンスを見て好きになるが、しかしそれがだれであるかは思い出せない。

　　オンディーヌ　このひと好き。生きかえらせるってできない？
　　水の精の王　　できない。
　　オンディーヌ　すごい残念。ぜったい好きになったんだけど！

　こうして、宇宙の掟に逆らってでも自分の恋をつらぬきたいという水の精の願望は、挫折することになる。フーケーの場合には、騎士を殺すウンディーネには魔性の女の面影がある。しかし、ジ

ロドゥのオンディーヌはもっとけなげだ。彼女は自分がハンスを裏切ったと虚言を弄してまでも、心変わりした騎士のいのちを守ろうとする。そして、自分の記憶を失ったオンディーヌ、かつてハンスを愛したというたいせつな記憶さえも失ったオンディーヌ、その彼女が発する幕切れのことばは哀切きわまりない。

アンデルセン「人魚姫」

　騎士と精霊の恋のバリエーションとして、王子と人魚の恋を取り上げよう。その代表作はアンデルセンの「人魚姫」だが、これは1837年に発表された『子どものために語られた童話・第三集』に収められている。

　海の深いところに人魚の王さまの城があり、王さまとその年老いた母、六人の姫が住んでいた。ヒロインはやはり末娘で、彼女はひととき浜辺に上がることを許されたときに、人間の王子の姿を見て恋してしまう。ウンディーネやオンディーヌと同じく、彼女の恋もひたむきで、純粋であるように見える。

> 　わたしがひとすじに思っているあのかた、あのかたの手に、わたしの一生の仕合わせをおまかせしてもいい。あのかたと不死の魂とが、わたしのものになるならば、わたし、なんでも思い切ってやってみるわ！

　このことばに見られるように、人魚姫の恋には、実はもうひとつの願望が秘められている。人間の魂は死後も不滅だが、人魚は300年も生きるのに死んでしまえば海の泡となるさだめだ。人魚姫はそうした宿命を脱して、みずからは人間となって、天国へのぼりたいと願っている。そのためには王子の愛を得ることが必要なのだ。魂を持たなかったウンディーネはハンスの妻となって魂

を手に入れた。それは恋に付随して生じたものだった。ところが、人魚姫の場合は、人間となって魂を得ることが第一の望みであり、王子への恋はそのための口実にすぎないように見える。

　人魚姫は魔女のところへ行き、美しい声を代償にして人間の姿にしてもらい、王子のそばで暮らすことできるようになる。しかし、彼女の人間への変身は不完全なものであり、異類婚はここでも成立しない。王子が后に選ぶのは、結局人魚姫ではなく、別の人間の少女なのだ。とは言え、人魚姫のもうひとつの望み、より本質的な希願である天国における不死の魂のほうは、300年後に与えられるだろうと約束される。

　水の精伝説は各地に伝わっているが、スラブ系のものにはルサルカがあり、その中ではドヴォルザークのオペラ『ルサルカ』（1901年）が知られている。人間に恋した水の精が、魔法使いによって人間の姿に変えてもらう。ただ、人間の姿であるあいだは口がきけない、恋人が裏切ったときにはその男とともに水底に沈むという条件がつく。結末はもう予想がつくだろう。ルサルカは王子とともに破滅へと突き進むしかないのだ。

　上半身が女性で下半身が魚というこの不可思議な造形は、谷崎潤一郎『人魚の嘆き』においては、妖艶で蠱惑的な魅力となって現れる。貴公子と水甕の中に生きる人魚が恋し合うが、ガラスの境界一枚を隔てて、「水の中に喘ぐ人魚と、水の外で悶える人間」は触れ合うこともできない。酒の力を借りてようやく人魚が口をきくようになるが、彼女は、人魚にはひとを愛することが永劫に禁じられており、「ただ煩悩の炎に狂い、妄想の奴隷となって、悶え苦しむばかり」なのだと言う。貴公子は、人魚の願いを受け入れて、彼女を海へと帰してやる。

　野獣の場合は、本来の王子が何らかの超自然的な力によって姿を変えられただけなので、最後には王子の姿に戻り、恋が成就する。ところが、水の精や人魚姫の場合、本来の王女が姿を変えられたわけではない。彼女たちと人間世界を隔てる壁は厚い。

その意味で、宮崎駿『崖の上のポニョ』は興味深い例を提示してくれる。物語の最後では、人魚であったポニョが宗介とキスをすることによって、完全に人間の少女になる。宮崎アニメは、その自由な発想によって、人間と人魚の境界線をやすやすと乗り越えてしまうのだ。

メーテルランク『ペレアスとメリザンド』

　水の精伝説にはさまざまなバリエーションがあるが、メリザンドもそのひとつである。ドビュッシーのオペラで有名な『ペレアスとメリザンド』（1902年初演）は、もとはといえばベルギー象徴派のメーテルランクによる演劇作品であり、1892年ブリュッセルで出版された。ヒロインのメリザンドは人間であるはずなのに、とらえどころのない不思議な魅力をたたえ、まるで水の精ではないかと思わせる。ゴローがはじめて彼女を見つけるのは泉のほとりであり、彼女は繰り返し水に飛び込むと言ってはばからない。そして、第三幕で長い髪を梳くすがたは人魚に似ている。
　ゴローは森で見つけた女性メリザンドを城に連れ帰り、後妻とする。だが、メリザンドにはウンディーネやオンディーヌのような一途の恋心も、快活さもない。ただ、物憂げであやしい無邪気さが生み出す魅力によって、男性を破滅へと導いていくのだ。
　第三幕、塔の場面は、ドビュッシーのオペラにおいて最も美しい場面のひとつだ。ここでも求愛するのはペレアスのほうで、メリザンドは終始受け身のまま。メリザンドの髪が塔の上から落ちてくるが、これは事故ではなく、メリザンドの作為であるのかもしれない。

　　あ、これは何……君の髪だ。君の髪が、ぼくのほうに降りてくれた……君の髪がみんな、メリザンド、君の髪がみん

な塔から落ちたのだ……しっかりつかんだぞ。くちびるに当てよう……両腕で抱き締めよう。ぼくの頸に巻きつけよう……もう一晩じゅう、この手は開かないよ……

　メリザンドはゴローの異父兄弟であるペレアスと通じて、出産と同時に落命し、他方で嫉妬に駆られてゴローはペレアスを殺し、そのあと自害する。幕開けから暗い予兆に貫かれていたドラマは、一気に悲劇へとなだれを打っていく。ゴローだけが人間的な嫉妬に苦しむが、まるで双生児の兄妹であるかのようなペレアスとメリザンドはおとぎ話の世界に生きている。

　海と森に近い架空のアルモンド国を舞台にして、時代設定も明示されていないこの戯曲は、オンディーヌ伝説のほかにも、多くの伝承を取り込んでいるように見える。そのひとつは、中世からフランスに伝わるメリュジーヌ伝説だ。水に住む美女である点ではオンディーヌと同じだが、ただこちらは下半身が水蛇の姿をしている。『ペレアスとメリザンド』では、メリザンドという名前や、彼女の蛇を連想させる長い髪の毛はメリュジーヌを連想させるだろう。

　女性性を持つ異類のものとして、人魚と蛇女はしばしば同一視される。19世紀イギリスロマン派の詩人たちもまた好んで水の精や人魚伝説を取り上げたが、キーツの「レイミア」ではむしろ蛇女が主題である。ギリシア神話起源の伝承を取り込みつつ、男性を破滅させる妖魔であると同時に可憐な妖精でもある蛇女が描かれる。レイミアはもとは人間の女性だったが、ゼウスとの情事が露見し嫉妬深いヘラにより罰せられて蛇女とされた。彼女は、人間の女性の姿で若者リシアスを誘惑し、深く愛するようになるが、婚礼の席で賢者アポロニアス老によって蛇女であることを暴かれる。「蛇！　と彼はこだまのように叫んだ途端、けたたましい金切り声とともに彼女は消え失せた」。こうしてレイミアは姿を消し、リシアスは命果てることになる。

木下順二『夕鶴』

　蛇女が人間と結婚する物語には、中国において『白蛇伝』として伝えられる物語をはじめとして、わが国の民話『蛇女房』などがある。日本の昔話における動物花嫁物語は、人間の男性がある日苦しんでいる動物を助けることになり、そのお返しにと、人間の姿に化身した動物が嫁にやって来るという話型が多く見られる。『蛇女房』のほかには『鶴女房』がよく知られている。

　木下順二の『夕鶴』（1948）は、彼自身の手になる民話劇『鶴女房』（1943）を現代劇へと書き直したものである。命の恩人にたいしてわが身を削ってまでも奉仕するヒロインと、欲得に汚れた人間界との距離はここでもあまりに大きい。彼女の無垢な心も、金銭に目がくらんだ愚かな与ひょうを引きとどめることはできない。

　　与ひょう、あたしの大事な与ひょう、あんたはどうしたの？
　　あんたはだんだんに変わって行く。何だか分からないけれど、
　　あたしとは別な世界の人になって行ってしまう。あの、あた
　　しには言葉も分からない人たち、いつかあたしを矢で射たよ
　　うな、あの恐ろしい人たちとおんなじになって行ってしまう。

　鶴の化身であるつうは、人間の男を愛するという掟破りを行って、つかの間の幸せを手に入れるが、男のほうの身勝手さが結局は彼女を裏切るのだ。こうして、水の精や動物の化身たちは、その無垢によって人間界の、そして男たちの欠陥を照らし出すことになる。

　『夕鶴』は「鶴女房」や「鶴の恩返し」に基づいて書かれているが、日本の昔話にはほかに白鳥説話に通ずる「天の羽衣」もある。白鳥説話はとりわけ西洋各地に流布しており、グリムより少し前の時代のムゼーウスが出版した『ドイツ人の民話』の中には、

「うばわれたヴェール」と題された物語がある。白鳥の乙女が水浴中に、自分の羽の衣を若者にうばわれて、結婚を強要される。仕方なくその要求を受けれるものの、やがて乙女は隠されていた羽を見つけて、天空へと逃げ去ってしまうという物語である。

チャイコフスキーの『白鳥の湖』（1877）は、このムゼーウスの民話をもとにしているという説もあるが、物語内容はかなり異なっている。美しい姫が魔女や悪魔によって白鳥に変身させられたという設定は、醜い獣ではなく美しい鳥である点を別にすれば、「美女と野獣」の男女を入れ替えた設定になっている。さまざまな版があるが、初版では、オデット姫は人間の姿には戻ることができず、彼女を愛する王子とともに湖に身を投げて死ぬことになっていた。白鳥が王女さまの姿にもどってハッピーエンドというかたちにならないのは、オデット姫の悲劇によって、その愛の純粋さがいっそう高まるという効果があるからだろう。

人間ならぬものとの恋

異類婚伝承が生まれた背景には、族外婚があると言われている。異なった世界に住むもの同志が恋に落ちて結婚するケースであるが、うまくいく例はまれであっただろう。その乗り越えがたい障壁が、人間と人間ならぬものとのあいだの恋として描かれた。とは言え、「美女と野獣」と「騎士と精霊」の物語には、族外婚だけでは説明しきれない要素も多く含まれていると思われる。

人間ならぬものが男性の場合、これは怪物、野獣、醜い動物となって現れる。もと人間であった男が魔法などによって動物の姿に変えられたというかたちをとることが多く、女性の愛によって魔法がとけて、最後は人間のすがたにもどり幸せな結婚へといたる。これは、男性を見る女性の目が次第に変化していくことを示しているだろう。

人間ならぬものが女性の場合は、ときとして魔性の女（ファム・ファタル）の性格を持つ場合もあるとは言え、多くは純真で美しい乙女の姿で現れる。動物あるいは自然の精が人間の女性となるが、特別な場合をのぞいてすっかり人間になることはできず、悲劇ははじめから運命づけられている。ここには、人間が自然界に対して抱く畏敬や憧れが反映しているように思われる。彼女は、世俗に汚れたものには手の届かないものとして、最後は自然界へと戻っていくのだ。

　ここで取り上げた作品のいくつかはディズニーによってアニメ化されている。『美女と野獣』（1991年）、『ノートルダムの鐘』（1996年）、『リトル・マーメイド』（1989年）。いずれも内容が大幅に改編されて、それが論議を呼び、性差別だとの批判も強い。今日では、原作よりも先にアニメによってこれらの物語を知るひとも多いだろう。ぜひ一度原作を手にとって、どのように改編されているのかを考えてみてほしい。

文献案内

アプレイウス「クーピードーとプシケー」『黄金のろば　上巻』, 呉茂一訳, 岩波文庫, 1956年
ボーモン夫人『美女と野獣』, 鈴木豊訳, 角川文庫, 1997年
コクトー『美女と野獣』, 釜山健訳, コクトー全集第八巻, 東京創元社, 1987年
グリム「蛙の王さま」「蛙の王子」『グリム童話集（一）』, 金田鬼一訳, 岩波文庫, 1979年
ユゴー『ノートル・ダム・ド・パリ』, 辻昶／松下和則訳, 潮出版社, 2000年
ロスタン『シラノ・ド・ベルジュラック』, 渡辺守章訳, 光文社古典新訳文庫, 2008年
ペロー「捲き毛のリケ」『長靴をはいた猫』, 澁澤龍彦訳, 河出文庫, 1988年
フーケー『水妖記（ウンディーネ）』, 柴田治三郎訳, 岩波文庫, 1939年
ジロドゥ『オンディーヌ』, 二木麻里訳, 光文社古典新訳文庫, 2008年
アンデルセン「人魚姫」『アンデルセン童話集（一）』, 大畑末吉訳, 岩波文庫, 1984年
谷崎潤一郎『人魚の嘆き・魔術師』, 中公文庫, 1978年

メーテルランク『ペレアスとメリザンド』, 杉本秀太郎訳, 岩波文庫, 1988年
キーツ「レイミア」『世界名詩集 2』, 大和資雄訳, 平凡社, 1966年
木下順二『夕鶴・彦一ばなし』, 新潮文庫, 1954年
ムゼーウス「うばわれたヴェール」『リューベツァールの物語』, 鈴木満訳, 国書刊行会, 2003年

誰に恋をするのか
——神話と生きる今——

Hermes

　50歳になり、体にもいろいろガタがきて、これから何を希望に生きていこう、と悩んでいるドイツのおじさんが、ひとりの美少年に出会ってから、とつぜん元気になってしまう。その少年に恋をしたから。

　トーマス・マンの短編小説『ヴェネツィアに死す』(1912)は、こんな同性愛——同性のあいだの恋、エロス——にして、年の差のエロスの物語として有名である。おじさんは少年に気に入られようと、老いた顔の上に、けなげに化粧までする。イタリア人のルキノ・ビスコンティがこれを映画化した『ベニスに死す』(1971)は、そんな微妙な情景も、実にみごとに描き出している。映像のあちこちでは、水都ヴェネツィアを舞台に、グスタフ・マーラーの交響曲第5番第4楽章のけだるいメロディーが流れる。これはほんとうにいい映画だ。そもそもマンの小説自体が、このマーラーを主人公のモデルにしているらしくて、その名前もやはりグスタフという。

　小説を読むときには、ときどき登場人物の名前にこだわってみるのもいい。姓の方はアッシェンバッハといって、ドイツ語の意味は「灰」(アッシェン)と「川」(バッハ)。老境に近い、灰色の人生のおじさんが、川のように、山から海に向かって流れてゆく。たしかにこの小説は、ドイツ・アルプスの国バイエルン、そ

の都であるミュンヘンで始まり、地中海の都ヴェネツィアで終わる。おじさんはなぜ、故郷のドイツを離れて、イタリアくんだりまで行く気になったのだろう。
　ひとつのきっかけは、小説の冒頭、ミュンヘンの北墓地で遭遇した不思議な男だった。「明らかにバイエルンの人間ではなかった」という、この妖しい風采の異人は、「右手には先端に鉄を被せたステッキを持ち、斜めに地面に突き立てて、両脚を交差させ、握りの所に腰をもたせかけていた」。
　この変な男を見て、おじさんは、雷に打たれたように、「旅への欲求」を感じる。そしてドイツにさようならをする。なぜイタリアなのか、と問うのはよいことだ。ドイツ文学とイタリアというテーマは、ゲーテをはじめとして、ドイツ文学を味わうとても有益な導きの糸になる。しかしここでは、ひとまず、山の国ドイツとはまったく対照的な世界として、海と太陽の国イタリアがあることを確認しておこう。水の上に浮かんでいるような街ヴェネツィアは、とりわけドイツの山中とのコントラストを出すにはぴったりだ。おじさんがこれまで生きてきた日常と、まったく異質な世界がそこにある。おじさんは、その日常に絶望していた。
　墓地で遭遇した男に導かれるように、おじさんはヴェネツィアに行く。そしてそのヴェネツィアで、美少年に出会い、恋に落ちる。ただし一方的な恋である。からだに触れたりしない——触れられないのかも——。そして告白さえしない。しかし少年の容姿を、ふるまいを、ひとつひとつ必死に目で追っていくおじさんの思いが、ねっとりとその美少年に絡みつく。そのあたりのおじさんの独白は、とてもエロチックだ。トーマス・マンはドイツ文学を代表する名文家で、その魅力はここにもいかんなく発揮されている。
　やけどしそうなほどに熱い、同性愛のおじさんの思い。「そんなふうに笑ってはならない！　いいかい、誰にもそんなふうに微笑んではいけないよ！」　おじさんは、ジェラシーに悶え苦しむ。

自分だけの少年でいてほしいのだ。そして巧みと陰影に満ちあふれたマンの文章の、この一節をしめくくるのは、なんとも陳腐な、笑ってしまうほどにありきたりな、次のことばなのだった。「わたしはおまえを愛している！」、イッヒ・リーベ・ディッヒ、つまりアイ・ラブ・ユー。

　おじさんの職業は、名望ある作家（ビスコンティの映画では音楽家になっている）だった。高尚な世界に生きてきた芸術家が、魔法の都ヴェネツィアに来て、こんな月並みな、たぶんこれまでは毛嫌いしてきたような言い方を、ふと口に出してしまう。ドイツの家族のことなどきれいに忘れて。すべては、あの墓地の外国人と、この水の都で一目ぼれした少年のせいである。

　W・イェンスという批評家に言わせると、このふたりは実は一人二役であり、あるギリシア神話の神のイメージをただよわせているという。ふたりの登場人物が、同じひとつの機能を担っているというのは、例えば民話にもよく見られる特徴だ。グリム童話『ヘンゼルとグレーテル』でも、日常世界の意地悪なお母さんと、森という異界の魔女とは、同じもののふたつの現われとして読むのがいい。マンの語りは、そういうヨーロッパの語りの伝統をあちこちに生かしている。あの代表作『魔の山』（1924）だって、哲学的なところでは好き嫌いが分かれるけれど、表題はつまり「魔法の山」で、一編のグリム童話そのもの。少年が不思議な山に登ってイニシエーションを受けるという、まさにメルヘン仕立ての小説である。

　さてイェンスは言う。この異人と美少年は、ギリシア神話のヘルメス Hermes 神の特徴を具えていると。この神は、旅びとと、市場、商人の守護神であり、異なる世界のあいだを行き来する者たちの導き手となる。旅の「ステッキ」を手にし、脚を「交差」させたあの墓地の男の姿は、古来のヘルメスのイメージにそのまま重なるらしい。

　ヘルメスは、しばしば男の幼児の姿をとり、両性具有的な特徴

を持った。そもそも両性具有／ヘルマプロディートスということばが、ヘルメスと、エロス女神アプロディテーの名前を融合させたものである。人文科学の必須の読み物である山口昌男の『道化の民俗学』には、このあたりのことがとても明快に、そして刺激的に書いてある。それによるとヘルメスは、神と人間、日常と非日常、男と女など、「二つの相反する原理の間を自由に動き廻る」ことによって世界の秩序を攪乱する存在であり、また日常世界から見て、異界へ、死者の世界への魂の導き手（プシコポンポス）としてイメージされる。

　おじさんは、たしかにヴェネツィアで死んでしまう。それが悲劇的なことなのか、いや実はハッピーエンドであるのか、それはこの短編小説を読んだ上で、ぜひとも友だちと、あるいはクラスで考えてみてほしいことである。おじさんは絶望から救われたのか、否か。

　それに関連して、考えてみてほしいことが、またふたつある。この作品では、ある意味では当然のことかもしれないが、男・女が「相反」するものとしてあり、その境界を越えていくことに大切な意味が込められている。それは、どんな意味なのだろう（しかしそもそも男・女は、コントラストをなすのか？　例えば道教の白・黒の図のように?）。神話的な思考を好むドイツ文学では、とりあえず男女の関係を、一対を成すコントラストとして考えることが多い。対立しつつ、互いに補い合って完全になるもの。

　ぼくたちの大半は、その男女という図式にのっとり、その一方に自分を置くことで日常生活を送っている。トイレもふたつに分かれている。おじさんは、どうやら、その図式に深い居心地の悪さを感じていたようだ。

　では、それはなぜか。おじさんは20世紀初頭のヨーロッパ人らしい。ヨーロッパは、とりわけ19世紀から、父親の支配する愛と血縁の近代家族の姿を、あまりにも理想化し、強制した。イギリスの王家に婿として入ったドイツ人を介して、イギリスから

世界に広がったクリスマス・ツリー。そこに集う暖かい家族のイメージは、まさにこの時代の産物だった。現代のクリスマスの空騒ぎの根源には、ヨーロッパの父権的な社会があったことになる（ヴェーバー＝ケラーマン『ドイツの家族』）。

　少年へのおじさんの同性愛は、単に個人的な趣味として読むのもいいが、ヨーロッパ社会の時代的な問題をあわせて考えたほうが、よりリアルになるように思えてくる。となると、ここで参考になるのは、おじさんが恋した美少年が、なぜかポーランド人であることだ。ポーランド？　高校の世界史の教科書でも何でもいいから、ちょっと調べてみるといい。ドイツ（プロイセンとハプスブルク・オーストリア）とロシアという大国のあいだに挟まれて、この国がどんな苦難の歴史をたどってきたのかを。

　小説『ヴェネツィアに死す』には、このヨーロッパ有数の観光都市ヴェネツィアにやってきたロシア人の家族が何度か登場する。それは、どんな描かれ方になっているだろうか。またおじさんは、ドイツでは18世紀プロイセンの王フリードリヒ2世の「英雄的生涯」をめぐる「長大な叙事詩」を完成させた、名高い作家だった。やがてドイツ帝国を成立させる大きな原動力となったプロイセンの王をめぐる作品である。その名誉の世界を捨てて、おじさんはヴェネツィアにやって来た。

　19世紀の末から20世紀の初頭にかけてのヨーロッパは、帝国主義と植民地主義の時代に入る。これを例えばドイツの悪名高き皇帝ヴィルヘルム2世に象徴されるような、戦争し、殺戮し、ものを奪う〈男〉のしわざ――それを、妻子との美しき近代家族が支えたのかもしれないが――と考えるならば、両性具有の神ヘルメスになぞらえられたポーランドの美少年は、そしてドイツの日常から脱落したおじさんは、どんな意味を担っているだろうか。古代のギリシア神話の一端が、いつしか、近代の重大なテーマをめぐる思考に関与してくる。それほどに神話は、ヨーロッパ文化の中に強く生命を保っている。

山口昌男の本の大切な主張でもあるけれど、ヘルメス的なスタンスの核心は、こりかたまったものの考え方の外に出て行く、その自由さと創造性にある。〈男〉と〈女〉のきれいな二分法も、それが気に入るか入らないかは別として、この世界を安定的に管理するひとつの比喩として日々機能している。しかし、その管理が見落としたり、思わず虐げたりしているものはないのか。その暗部に気づいた人間は、日常に疑いを抱き、正常／異常の二分法を破壊して、飛躍するジャンプの踏み台とするのである。

　しかしそもそも、こんな小説に大学生は興味があるのだろうか。あるとき、この小説の紹介をした授業の後で、ある学生さんから出された質問は、こうだ。神話の脈絡は興味深いですね。さすがヨーロッパです。しかし少年のほうは、おじさんに愛のまなざしを送られている間、どう思っていたんでしょう。迷惑ではなかったんですか、そんな変なおじさんにつきまとわれて。

　なるほど。この問いはぜひとも、ほかの作品、作家を含めてさらに深めてほしい。または美少年の立場から、この『ヴェネツィアに死す』のパロディ小説を作ってみてほしい。文学研究の最高の学び方のひとつは、自分で表現してみること、自分で作品を作ってみることだろうから。

　例えば小国ポーランドの立場から作ってみる？　歴史のわき役に注目することは、主役／中心だけを見ていたのではわからない発見を与えてくれる。わき役とは、つまり、支配的な価値観から遠ざけられ、それが異常、不完全とするものとの境目にいる人々のことだろうから。新しい世界の見方は、そこからこそ生まれてくる。すみっこの人生よ、万歳。〈同性愛〉とか、〈女〉とかいう、世のわき役とされてきたものたちも、そのひとつだろうか？

「ジェンダー」を読む　　168

兄と妹

　おじさんから少年への片思いと並んで、同じ20世紀前半のドイツ文学における、もうひとつの忘れられないモチーフは、兄と妹の相思相愛である。これも古代より各地の神話・文学に見られたもので、エジプトのイシスとオシリスをはじめ、兄妹の近親婚が生命の移りゆきと豊穣に深く関わっている。どうか、すぐに自分の兄弟姉妹を思い浮かべて、キモチワルイとか言わないで、まずは神話的に物語をとらえること、そして神話と歴史の重なり合いにきちんと目を向けることをお願いする。神話はただの古い飾りではない。歴史の流れを形づくる、ひとつひとつの現在の中に神話は切りこんでくる。

　（ひとつ余談を。ゼミで学生さんと文学作品を読んでいると、キモチワルイ登場人物に対して、理解できない、感情移入（！）不可能だという、拒否反応の感想がすぐに飛び出す。そう言う感情挿入型の読書は、たぶん早くやめたほうがいい。作家たちは、そんなキモチワルイものを、わざわざその作品に置いている。そのわざわざの理由は何なのかと、むしろ問うてほしい。作家・芸術家とは、キモチワルイことを玩ぶ変人なのではなく、何かの理由によってキモチワルイとみなされてしまったものに、貴い命の重みを感じ取る、だれよりもまっとうな——常識という偏見に囚われた人々よりも、ずっとまっとうな——観察者なのだから）。

　『ヴェネツィアに死す』の短さとは対照的に、ローベルト・ムージルというオーストリア人が書き残した、とてつもなく長い小説『特性のない男』（1930ほか）がある。邦訳版で6冊、しかも未完とくる。作者ムージルは、ナチス・ドイツから逃れたスイス亡命中に、これを完成させることなく死んでしまった。ちなみにドイツ文学には、未完だけど名作だという例がわりとある。未完だからこそ、名作なのらしい。真に崇高なものは、この世において完成などしてはいけないのである。

大長編『特性のない男』には、ウルリヒとアガーテという兄妹が登場する。ふたりは幼少期から長く別々に暮らしてきたのだが、父の葬式で再会して以来、特別な関係を築いてゆく。兄は、妹を見て言う。

　　ドアを通って入ってきて、彼に近づいてきたものが、自分なのではないかと思ったほどだった。ただしそれは彼よりも美しくて、彼が取り囲まれたことのない光に包みこまれていた。このときまず最初に見舞われた考えは、妹は彼自身の夢のような再現であり変化(へんげ)だということだった。　　（加藤二郎訳）

　「きみはぼくの自己愛なのだ!」とも言う兄。妹アガーテはこんなことを言う。「わたしは恋し、そして誰を恋しているのか分からない！　わたしの心は愛で満ち溢れ、同時に心は愛で空しい！」。恋とは、外部化された自己、自分の似姿に出会うことであり、それまでの自分の殻から溶けだして、そこに合一しようとすることなのかもしれない。だからこそ、自分が満たされているような、しかも空虚であるような、不思議な感覚におそわれる。
　兄妹愛の物語においては、とりわけ有名なのが「夏の日の息吹」と題された章である。なんと舞台はここでもイタリアで、ドイツ文学と性（ジェンダー／セクシュアリティ）の問題を考えるのに、この南国はやはり特別な意味を持っている。そしてここでも、アルプスの北側にある暗鬱なウィーン、ハプスブルク帝国で展開する物語とのコントラストが目を引く。敵対するプロイセンの都ベルリンで、1918年に皇帝ヴィルヘルム２世の即位記念式典が開かれる。それに対抗してハプスブルクでは、フランツ・ヨーゼフ１世の即位記念式典を開催しようとするさまざまな人々の活動が描かれる。主人公のウルリヒもその渦中に引きこまれていた。第一次世界大戦の暗い影が落ちる時代、ここでもまた、戦争と帝国主義、殺戮、死のコンテクストの中に、兄と妹の恋愛という神話

「ジェンダー」を読む　　170

的なモチーフが投げ込まれている。

　ゲオルク・トラークルという、第一次世界大戦中に若くして死んだ、オーストリア・ザルツブルク生まれの詩人がいる。モーツァルトの生まれ故郷としてよく知られた美しい町だが、トラークルの詩もまた、じつに美しく、しかも謎めいて、すばらしいイメージと音響をくりひろげる。「夏の衰え」、「輝く秋」、「冬の夕べ」など、個人的に好きな作品をあげていけばきりがない。そのトラークルの絶筆となった作品に、「グロデーク」というものがある。

　グロデークとは、現在のポーランド南部、ガリシア地方にある町の名前であり、彼はここで衛生部隊の一員として戦線に加わった。負傷した兵士たちの治療にあたりながら、トラークルは戦争の残酷さに直面し、その深い悩みをこの詩にうたっている。「すべての道は　黒い滅亡へと通じている」という、そんな絶望的な状況がうたわれるなかに、ふと、「夜と星たちの金色の枝々の下を／妹の影が」漂いすぎてゆく。かすかな希望のように。

　いろいろな作者、作品で、姉妹、兄弟のイメージを追いかけてみると、ジェンダーやセクシュアリティに関わる、とても興味深い発見ができると思う。トラークルの詩では、妹は「自分の半身として、両性具有的な相剋のない愛情の対象として」（中村朝子）現れるという。「妹の庭」という、次の短い詩では、静かな庭に「ひとりの天使」が生まれ出る。それは、喧しく戦争に明け暮れる時代の向こうにトラークルが求めた、かすかな憧れのイメージだったのだろう。

　　妹の庭は　静かに　しめやかに
　　花たちのつくる一塊の青、一塊の赤が　晩い時刻に、
　　彼女の歩みは　白くなった。
　　くろうたどりの声がさ迷っている、晩い時刻に
　　妹の庭で　静かに　しめやかに、
　　ひとりの天使が生れた。　　　　　　　　（中村朝子訳）

弱み

　ちょっと話が重たくなったかもしれない。でもドイツには、ベルトルト・ブレヒトという詩人・劇作家が書いたこんな作品もある。タイトルは「弱み」という、たった3行の詩。

　　きみには弱みがなかった。
　　わたしにはひとつあった。
　　恋していたから。　　　　　　　　　　　　　　　（丘沢静也訳）

　恋をするとは、相手よりも弱い立場に置かれるということなのか。しかし、それはどんな意味で？　ブレヒトは、マン、ムージル、トラークルとほぼ同じ世代のひとで、日本では、演劇『三文オペラ』の原作者として知られている。恋人に対する、こんな切ない気持ちを歌いながら、実生活では、なかなかに女性遍歴の激しいひとだった。

　ブレヒトの恋愛詩のすばらしさを見事に説いているのが、ユダヤ系ドイツ人の文芸批評家ライヒ＝ラニツキである。マンやカフカ、ブレヒトなど、20世紀前半のドイツ文学を代表する7人の作家たちを取り上げた本をぜひ読んでもらいたい。ちなみにこの本は、先に触れたムージルの『特性のない男』について、これのどこが名作なのだ、と酷評したことから、一時ドイツで話題になった。人々の仰ぎ見るドイツ文学史上の古典的作品なのだが、ライヒ＝ラニツキによると、そこでは物語というものが、「たんなる省察や思索とか哲学とかの衣装」として利用されていて、「小説という形式に対する虐待」が行われているのだと。ちなみに「ドイツ語で書かれたもっとも美しいホモの詩」は、F・ヘルダーリンの「ソクラテスとアルキビアデス」であるらしい。どうぞお読みください。

　うつろいゆく世の象徴そのものであるような、はかない恋の苦

しみも、人生に充実感を与え、「われわれの存在を思いがけないほど高めてくれる」恋の幸せも、ブレヒトの恋愛詩には、あますことなく語られている。ライヒ＝ラニツキは、その最高傑作として「こびとたち」という詩をあげているのだが、これも詳しくは彼の本を開いてもらいたい。

　ここで最後に触れておきたいのは、ブレヒトも活用する役割詩 (Rollengedicht) というジャンルのことである。例えば羊飼いの男や糸紡ぎの女など、自分とは異なる役柄に、詩人が身を置いて発話する古来のジャンルで、すでに中世ドイツにも「女の歌」 (Frauenlied) のような、恋する女性の立場から男性詩人が語る形式があった。

　「朝に晩に読むために」という、キリスト教の祈祷の形式を借りたブレヒトの役割詩がある。

　　わたしの愛するひとが
　　わたしにいった、
　　きみが必要だ、と。

　　だから
　　わたしは気をつけて
　　道をゆき
　　雨だれをさえ怖れる
　　それに打たれて殺されてはならない、と。　　（野村修訳）

　ブレヒトの恋愛詩は、「きわめつきの自己中心」であり、結局は自分の願望を書いているだけだと非難を受けることもしばしばという。ただし、とライヒ＝ラニツキは言う。「ブレヒトにたいして投げつけられたこの非難は、たいていの恋愛文学に当てはまるものだ。ほとんどの恋愛詩の内容は、短いドイツ語で再現できる」。すなわち、イッヒ・リーベと。

抒情詩という、深くモノローグめいた形式は、恋愛の思いを込めるのに最適のものだろう。しかしそれを役割詩という形で、あえて他者の立場から語る作品も存在するということ。そこには、独白と比較して、表現上の、あるいは精神上の、どんな違いが現れるだろうか。ヨーロッパ文学を、この観点でながめ渡してみるのもおもしろい。そしてそれを日本文学の類似する例と比べてみるのも。

　ブレヒトという文学的存在を、彼が関わりを持った幾多の女性たちと共に、ひとつの「複合体」、「集合名詞」としてとらえる提案をするのは谷川道子である。たくさんの女性たちに恋をし、そしてその恋を通過しながら、ブレヒトのことばは、彼ひとりでは創りだせなかったはずの、どんなことばを紡いだのだろう。

　「弱み」という詩を、あるいは美少年に恋をしたおじさん、妹に恋する兄の物語を思い出してみよう。恋をした自分は、自分の眼前に突如として現れた、自分の外側に立つあるものに支配される。自足していた自分が、そのとき壊れ、自分の外へと心が溶けだしてゆく。

　外側から、殻の外へと自分を引き出してくれるものは、まったく目新しい、異質な他人であるかもしれないし、逆にそれは、ウルリヒが言ったように自分の「再現」、自分の似姿という形をとるかもしれない。その向かい合う自分自身のほうから、もし自分を肯定してもらえるなら、それは最高の存在肯定の形になるだろう。

　しかし自分とはまた、最大のよそ者、最大の謎であり、ぼくたちは日々、それに翻弄されている。恋愛の文学は、その自分という謎の顔をつきとめようと探し求める最高のフィールドである。そして謎が解け、謎が消えたとき、恋は終わる。というか、少なくとも恋愛の文学は終わる。

　恋をすること、誰かを好きになることそのものと、そのことを、鉛筆を手に持って表現することとのあいだには、やっぱり大きな

違いがあるだろう。より屈折した営みである後者には、狭い自己を超えた、言語と歴史、神話の広い磁場が作用してくる。文学における恋愛について考えるときには、そんなことを意識しておくのも大切だろうと思う。

文献案内

トーマス・マン『ヴェネツィアに死す』, 岸美光訳, 光文社古典新訳文庫, 2007年
ルキノ・ビスコンティ製作／監督『ベニスに死す』, 1971年
W・イェンス『現代文学――文学史に代えて』, 髙本研一ほか訳, 紀伊國屋書店, 1961年
トーマス・マン『魔の山 (上・下)』, 関泰祐／望月市恵訳, 岩波文庫, 1988年
山口昌男『道化の人類学』, 岩波現代文庫, 2007年
仲正昌樹「導入：ドイツ語圏におけるジェンダー研究のパラダイム転換」, 仲正昌樹編『ヨーロッパ・ジェンダー研究の現在――ドイツ統一後のパラダイム転換』, 御茶の水書房, 2001年, 3–16頁所収
I・ヴェーバー＝ケラーマン『ドイツの家族――古代ゲルマンから現代』, 鳥光美緒子訳, 勁草書房, 1991年
ローベルト・ムージル『特性のない男』, 加藤二郎訳／『ムージル著作集』第1–6巻, 松籟社, 1992–1994年
ゲオルク・トラークル『トラークル全集』, 中村朝子訳, 青土社, 1997年
マルセル・ライヒ＝ラニツキ『とばりを降ろせ、愛の夜よ――20世紀ドイツ文学7人のパイオニア』, 丘沢静也訳, 岩波書店, 2004年
檜山哲彦『ああ あこがれのローレライ――ドイツ詩のなかの愛とエロス』, ベスト新書, 2005年
『ヘルダーリン全集1――詩I (1784–1800)』, 手塚富雄ほか訳, 河出書房新社, 1967年
『ベルトルト・ブレヒトの仕事3――ブレヒトの詩』, 野村修責任編集, 河出書房新社, 2007年
『世界現代詩文庫31――ブレヒト詩集』, 野村修訳, 土曜美術社出版販売, 2000年
ヴェルナー・ホフマンほか『ドイツ中世恋愛抒情詩撰集』, 大学書林, 2001年
ベルトルト・ブレヒト『母アンナの子連れ従軍記』, 谷川道子訳, 光文社古典新訳文庫, 2009年
谷川道子『聖母と娼婦を超えて――ブレヒトと女たちの共生』, 花伝社, 1988年

表象されるジェンダー

中国の足をめぐる
エロティシズムとフェミニズム

中国の足をめぐる
エロティシズムとフェミニズム

I 純愛映画のエロティシズム

　数年前、中国で一大純愛ブームを巻き起こした『サンザシの樹の下で』(2010)という映画をご存知だろうか。中国語版『世界の中心で、愛を叫ぶ』ともいわれるこの映画の監督は張芸謀、原作はアメリカ籍の作家エイミーがネットで発表した同名の小説である。張監督にとっては、章子怡のデビュー作『初恋の来た道』(1999)に連なる純愛路線ということになるが、『初恋の来た道』がハッピーエンドなのに対して、こちらは文化大革命中の中国のある地方を舞台にした若い男女の悲恋物語となっている。新人女優周冬雨演じるヒロインの静秋は、農村での労働学習のためサンザシの樹がある村を訪れ、同じ村に仕事で来ている孫と出会う。惹かれ合うふたりだが、政治的に迫害を受ける家の娘である静秋にとって、それは許されぬ恋だった。さらに、ふたりを待っていたのは孫の不治の病だった。

　キスシーンもベッドシーンもない純愛ドラマだが、この映画には足にまつわる印象的なシーンがふたつ登場する。ひとつは、ふたりの交際が露見し、静秋の母親からしばらく会わないように申し渡された孫が、最後に怪我をした静秋の足の包帯を巻き直させてほしいと母親に懇願し、静秋の足に包帯を巻いてやるシーン。静秋の足元にかがんだ孫は、下を向いたまま包帯の上に大粒の涙を落とす。もうひとつは、一夜を共にする覚悟でやって来た静秋

の足を、孫が洗面器の中でやさしく洗ってやるシーン。中国には寝る前に足を洗う習慣がある。ベッドに横たわったふたりは手をつないだまま朝を迎え、肉体的に結ばれることはないが、少女のようなはかなさを漂わせるヒロインが足を洗われながら浮かべるせつなげな表情は、どんな濃厚なキスや激しいベッドシーンよりも見る側をドキドキさせる。

　この純愛映画には中国的なエロティシズムがあふれている。というのも、実は、中国では女性の足とはエロスそのものであり、男性が女性の足に触れるというのは、性的なことを意味したからだ。

　純愛映画という範疇には含まれないが、同じ文化革命期の中国を描いた謝晋(シエ・チン)監督の『芙蓉鎮』(1987)は、過酷な運命の中で愛を信じてたくましく生きた女性の半生を描いた不朽の名作として知られる。劉暁慶(リウ・シヤオチン)演じるヒロイン胡玉音(フー・ユウーイン)は、実直だが気の弱い婿の桂桂(グイグイ)とともに懸命に働き、米豆腐の店を繁盛させていたが、政治運動の名のもとに店は突然没収され、夫にも先立たれてしまう。失意の胡玉音が桂桂のことを思い出すシーンのひとつに、労働で泥だらけになった玉音の両足に桂桂が桶の水をかけてやる場面がある。このとき玉音は水しぶきの中で両足をこすりあわせながら桂桂に笑いかけ、桂桂はといえば、どぎまぎして目のやりどころに困った様子を見せる。

　日本でも和服の裾からのぞく女性の白い脛は魅力的なものとされているが、中国では足は口ほどに物を言う、重要な性的アピールなのである。

　では、なぜ中国では足が性的な意味を持つのだろうか。それは何百年もの間続いてきた纏足の風習が背景にある。

II　纏足のイメージ

　纏足が昔の中国の風習で、女子の足が大きくならないように、幼児から布を堅く巻きつけておくことだということはよく知られている。中学校3年国語教科書には魯迅の「故郷」（1921）が載っていて、ここに纏足をした「豆腐屋小町の楊おばさん」なる人物が登場するので、そのときに知ったというひともいよう。主人公の実家のものを持ってそそくさと去っていく楊おばさんは、主人公の母から「纏足用の底の高い靴で、よくもと思うほど早かった」と評されている。纏足での歩行は本来、かなりの不便を伴うものだった。
　次は、1931年に発表された横光利一の『上海』の一節である。

> 　お杉は朝起きると、二階の欄干に肱（ひじ）をついて、下の裏通りののどかな賑わいをぼんやりと眺めていた。堀割の橋の上では、花のついた菜っ葉をさげた支那娘が、これもお杉のように、じっと橋の欄干から水の上を眺めていた。その娘の裾の傍でいつもの靴直しが、もう地べたに坐ったまま、靴の裏に歯をあてて食いつくように釘をぎゅうぎゅう抜いていた。その前を、脊中いっぱいに胡弓（こきゅう）を脊負って売り歩く男や、朝帰りの水兵や、車に揺られて行く妊婦や、よちよち赤子のように歩く纏足の婦人などが往ったり来たりした。

　ここでは、纏足女性は上海の裏通りの猥雑さの一部として登場するが、その歩き方は、「よちよち赤子のように歩く」と表現されている。この時期、「よちよち歩き」は、身体の自由を奪われ自立できないというイメージとともに、纏足女性についての常套表現として定着していた。
　纏足は日本ではかつての中国社会が生んだ「奇習」、あるいは「野蛮な風習」と説明されることも多い。「纏足のように」といった

比喩表現もあるが、そこには枠に嵌められて畸形となったというイメージがつきまとう。ただし、これは日本だけのイメージかというとそうではない。中国の現代語の辞書でも、纏足は「旧時の、女性の心身の健康をそこなう陋習」(『現代漢語大詞典』) と説明されている。「陋習」とは「悪しき旧俗、習慣」という意味である。纏足は近代人にとって、封建時代の憎むべき女性抑圧の象徴なのである。

しかし、纏足の足が畸形で醜悪なものであるという見方は、実は近代以降に登場したイメージにほかならない。Ⅵで後述するように、清末の進歩的知識人が西洋の価値観や身体観を受容し、西洋から見た纏足的な見方を内面化した結果として、纏足を恥ずべき風習とみなすようになったのであり、近代以前の人々にとって、纏足は女性美であり、エロスでもあった。

Ⅲ 纏足の起源

纏足の起源はよくわかっていない。五代十国時代 (唐と宋の間)、金陵 (今の南京) に都を置いていた南唐と呼ばれる王朝の後宮で、窅娘という宮女が足を小さくして踊ったのが始まりで、皇帝の寵愛を受けようとみなが競って足を小さく見せようとしたのだという説がまことしやかに伝えられている。しかし、これは逸話をもとに後世のひとが勝手に「考証」したにすぎず、直接、纏足の起源がはっきりわかるような文献があるわけではない。このような身体、とくに女性の身体にかかわることは秘事とされ、公の歴史書などで語られることはなかったためである。とはいえ、後宮は遊里と同じくファッション文化の発信地であり、ここで流行した美足術がまず上層階級に広まり、徐々に一般に広まっていったと考えるのは当を得ていよう。

考古資料としては、13世紀の女性の墓から副葬品として纏足

の靴が発見されており、南宋の時代すでに一部の上流階層に広まっていたことは確かなようだ。この風習は元を経て明代に一気に中層階級に拡大する。ただ、騎馬民族である満洲族には纏足の風習がなく、この満洲族が建てた清は、男性には弁髪を強制する一方で、纏足には禁令を出した。しかし、何百年もその地に根付いた風習が一朝一夕で改まるはずもなく、纏足は清代に下層階級や漢民族以外の少数民族にまで広まった。纏足の美を競うコンテストまで開かれるようになり、清末には満洲族ですら纏足を望むようになっていた。

　辛亥革命（1911-1912）後の中華民国では纏足は旧社会の遺物、非文明の象徴とみなされ、近代教育を受けた女性はいちはやく放足（纏足をほどくこと）や天足（自然の足）の道を選択する。ところが、保守的な家庭や農村社会ではこの風習がなかなか改まらない。その結果、都市化が進んだ都会よりも辺境の地に、近代教育を受けた上層階級よりも読み書きのできない下層に、つまり

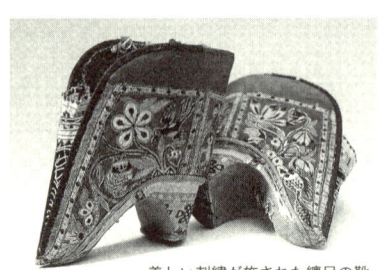

家族写真の中の纏足女性

美しい刺繍が施された纏足の靴

柯基生『深閨紅顔涙——三寸金蓮』、台北県立文化中心、1998年、pp.182-183

「ジェンダー」を読む　182

近代化から取り残され、周縁化された女性の間に残りつづけることになった。今でも稀に辺境の農村において高齢女性の纏足を見ることができるのは、こういうわけである。中国で新たに纏足するひとがいなくなったのは、中華人民共和国成立（1949）後のことである。

　「纏」は訓読みすれば「まとう」で、ぐるぐる巻きにすることだが、単に足を布でぐるぐる巻きにすることを纏足とはいわない。それは、激痛を伴う外科的な施術なのだ。女の子が小さいとき、それも骨がやわらかい3歳から5歳のうちに親指以外の4本の足指を足裏に折り曲げて縛る。身体は成長するのに足だけ成長を止めようというのだから、緊縛はどんどんその度合いを強めていくことになる。結果的に足の指骨は脱臼したまま、場合によっては骨折したまま変形し、甲の部分が異様に盛り上がり、土踏まずが窪んでいく。ひととおりの小ささが確保できたら、今度はかかとを足の裏側に巻き込んで形を整えて完成となる。纏足は完成する

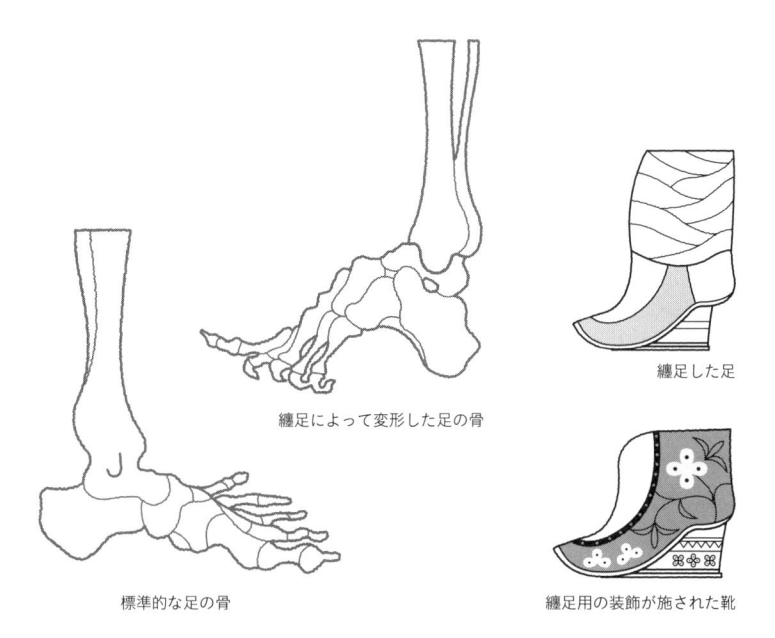

纏足によって変形した足の骨

標準的な足の骨

纏足した足

纏足用の装飾が施された靴

まで数年を要し、その間の幼女の苦痛たるや想像を絶する。手術は脱臼だけでなく、魚の眼を取ったり膿を出したりと血だらけの施術も含まれる。母親は泣き叫ぶ娘を前にして、たじろぐことが多いので、施術は親族の女性やこれを専門とする女性に依頼することが多かったようだ。

　纏足が完成した後も女性はずっと包帯を幅広くしたような脚帯を巻いた状態で暮らす。理想とされるサイズは三寸。「三寸金蓮」とは小さな足を讃えた言い方である。ズボンもしくは長スカートの裾から美しく刺繍された纏足靴がちらっと見えるのが最上の美である。ただ足首を自由に動かすことができないので、しゃがむ姿勢がとりづらい。歩くにしても例のよちよち歩きなので、長時間の歩行や労働は到底不可能である。もちろん下層階級では幼女といえども重要な労働力なので、三寸というわけにはいかなかっただろうが、それでも纏足していた女性は小足というだけで大威張りで、纏足していない女性を大足と呼んで軽蔑した。労働の必要のない上流階層になればなるほど足は小さく、小さい足は女性のステータスシンボルでもあった。

　纏足の風習を憎む知識人もいるにはいたが、一旦、社会風習となって定着してしまった纏足は、たとえやめようとしてもなかなかやめられなかった。なぜならば、もはや纏足していない女性は結婚できなくなっていたためである。女は誰かに嫁ぐものとされていた時代、どこにも嫁がないという選択肢はなかった。纏足は、何百年もの間、女として生まれた以上、避けて通れないものだったのである。

IV　纏足のエロティシズム

　纏足はエロスと切り離せない関係にある。纏足の女性は歩くときに腰が揺れて肉感的だとか、また真偽のほどは定かではないも

のの、よちよち歩きは女性器を発達させるのだともいわれた。遊里の妓女は足が小さいほど花代が高く、清末に映された妓女の写真では彼女たちは小さい足を際立たせるようなポーズをとっている。

　なぜ纏足がエロティックなのかというと、纏足は人前でそれが解かれることは決してなく、纏足を解き素足に触れることができるのは、しとねをともにする相手だけだったからである。男性が纏足の靴を脱がせてやわらかいそれを弄んだりすることは、性行為そのものを意味していた。

　芥川龍之介に「首の落ちた話」（1918）という短編がある。何小二という清の兵士は偵察の途中、コーリャン畑で日本兵に頸を切られて落馬する。このとき彼の脳裏にはこれまでの人生が走馬灯のごとくめぐる。

　　それが見えなくなると、今度は華奢な女の足が突然空へ現れた。纏足をした足だから、細さは漸く三寸あまりしかない。しなやかにまがった指の先には、うす白い爪が柔く肉の色を隔てている。小二の心にはその足を見た時の記憶が夢の中で食われた蚤のように、ぼんやり遠い悲しさを運んで来た。もう一度あの足にさわる事が出来たなら、――しかしそれは勿論もう出来ないのに相違ない。こことあの足を見た所との間は、何百里と云う道程がある。そう思っている中に、足は見る見る透明になって、自然と雲の影に吸われてしまった。

何小二が「もう一度あの足にさわる事が出来たなら」というのは、もう一度肌を重ねることができたらと願うことであり、「あの足を見た所」とはおそらく妓女のいる遊里である。

　纏足の放つエロティシズムを芥川は何を通じて理解したのだろうか。芥川の『文芸的な、余りに文芸的な』（1927）には『水滸伝』や『西遊記』と並んで『金瓶梅』の書名が見られる。

　『金瓶梅』は明の中期、16世紀末から17世紀の初めごろに書

かれた作者不明の小説である。文学史的には、「西門慶と潘金蓮の淫蕩な生活を描くことで、明代の政治の腐敗と富豪階級の頽廃を活写した書」と説明されることが多い。女主人公の潘金蓮は自慢の「三寸金蓮」の足を使って西門慶を籠絡し、夫を毒殺して西門慶の第五夫人に納まるが、その家はライバルの女性たちが主人の寵愛をめぐってひしめき合う世界。近代以前の中国では正妻も側室も同じ家の下に住む所謂「妻妾同居」が一般的である。潘金蓮はなんとか西門慶の気を引こうとあの手この手の色仕掛け。とくに第27回、葡萄棚での真っ昼間の情交の場面では、纏足の足と足を縛っている脚帯が重要な性の小道具として描かれている。

> そこで西門慶は立ち上がり、玉色の紗の腰巻を脱ぎすてて、欄杆の上に掛けると、まっすぐに牡丹畑の西側、松並木のほとりにある花棚の下まで、小用をたしに出かけました。もどって来ると、女は早くも棚の下に茣蓙や蒲団をちゃんと敷きのべ、上下脱ぎすてて、しとねの上に仰向けに寝ていて、足には緋色の靴をはき、手には白い絹張りの扇をいじりながら涼を入れております。近づいてこのありさまを眺めた西門慶、酒興に乗じて、これまた上下すっかり脱ぎすて、瀬戸物の腰掛の上に腰をおろすと、まず足の指もて花の心をからかいます。それからこんどは紅い刺繍の靴を脱がせたうえ、戯れにその二つの脚帯をとき、両足に結えて両側の葡萄棚に吊しますと、金龍探爪にさも似たかっこうで、牝戸大張、紅鉤赤露、鶏舌内吐といったぐあいに相成ります。
>
> （小野忍・千田九一訳）

「金龍探爪」、「牝戸大張」、「紅鉤赤露」、「鶏舌内吐」は原文のままで、訳語は与えられていない。読者のみなさん、どうか想像を逞しくしてご解釈をというところだろう。

　この小説はあまりにも性描写が露骨なので、中国では風紀を乱

す淫書とされ、清代はもちろん現在の中国でも禁書扱いなのだが、内容は一般によく知られており、潘金蓮の名は淫婦・毒婦の代名詞となっている。しかし、別の面でいえば、『金瓶梅』は纏足とエロスの関係、家の中のヒエラルキーや力関係を理解するのに最適な書である。翻訳が複数出ているので、ぜひ一読されたい。

V　張芸謀の描く足とエロス

さて、映画の話に戻ろう。『紅いコーリャン』（1987）は、冒頭にあげた『サンザシの樹の下で』の監督張芸謀の初の監督作品であり、鞏俐（コン・リー）がこの映画で鮮烈なデビューを飾ったことでも有名である。相手役は今では世界中の映画賞を総なめにしている姜文（ジャン・ウエン）。

『紅いコーリャン』は暴力とエロスが一体化した紅を基調とした映像美に彩られている。映画は、鞏俐演じる九児（ジョウアル）が紅い輿に乗って年の離れた夫のところへ嫁いでいく場面から始まる。花嫁行列は道中強盗に襲われ、金を奪った強盗は輿を蓋う真っ赤な布を開けて九児の足先を握り、彼女にコーリャン畑の奥へ行くように命じる。このとき強盗に跳びかかったのが姜文演じる駕籠かき人夫の余（ユウ）、のちに九児と結ばれる男である。悪漢が撃退されると九児は黙って輿に戻って前垂れの布を下ろすが、このとき紅い前垂れ布の裾から九児の紅い靴先が少しのぞいている。余はこれを大きな手でぎゅっと握って、奥の方に戻す。あるいは九児がわざとつま先を残したのだとも取れる。九児と余の間にはことばは一切交わされない。目と足先だけの演技だが、後のふたりの性関係を暗示するようで、ドキリとする場面である。映画の舞台は1920年代の農村なので九児は纏足である。

同じく張芸謀監督・鞏俐主演の『紅夢』（1991）になると、足の描写はより直接的になる。継母から逃げるように大きな屋敷の第四夫人として嫁いできた頌蓮（スンリエン）。その家には、主人の夜伽の相手

に指名された女の部屋の前には赤い提灯が高く掲げられ、房事に備えて女の足にはマッサージが施されるという習慣があった。頌蓮は元女子大生という設定であり、纏足ではないのだが、彼女はいつしか足のマッサージ＝房事という倒錯的な性習慣に飼いならされ、彼女の運命はやがて破滅へと転換していく。

　このように、中国の纏足の歴史や張芸謀がこれまでの映画で足をどのように描いたかをたどれば、『サンザシの樹の下で』の足をめぐるふたつのシーンの意味もよくわかる。『サンザシの樹の下で』にはベッドシーンはないため「純愛映画」だといわれるのだが、わたしには窮極の「性愛映画」のように感じられる。

　中国では映画やドラマの制作に関して完全なる表現の自由が許されているわけではない。そのため、ラブシーンは抑制的にならざるを得ない。中国映画のエロティシズムを考えるとき、足はその暗喩コードとして非常に重要な意味を持つのである。

VI　纏足は女性抑圧の装置か、女性の主体文化か

　ところで、世の中には纏足のことを「女性が逃げないように家の中に閉じ込めておくためのものだった」と思っているひとが案外多い。世間には誰が言い出したのかわからない、「ハイヒールは、トルコの後宮ハーレムで女たちが逃げられないよう履かせたのが始まりだ」いう俗説があるが、おそらくこれと混同したものと思われる。

　纏足が男性による施術ではないこと、ましてや逃げ出されるのを恐れた男性が行わせたものではないことは、すでに上述したとおりである。

　しかし、結果として女性の行動の自由を奪うことになったのは事実である。纏足した足では、外を闊歩することなどできない。清末に中国にやってきたプロテスタントの宣教師には、野蛮で非

人道的な風習に映った。彼らはキリスト教布教の立場から、女学校を作り、纏足をやめさせることに取り組みだした。大きな団体としては「天足会」がある。

　この時期、清朝の外交官として日本や欧米に赴いた中国の知識人は、列強の科学技術を目の当たりにし、かの地の女性が教育を受け、職業を持ち、自由に往来を行き来していることに驚き、変革の必要性を痛感するようになる。特に日清戦争でこれまで東の辺境の小国だと思っていた日本に敗れたことは大きな衝撃だった。康有為や梁啓超によって「富国強種」のための方策、いわゆる世にいう「変法」が唱えられる。その中には女学校設立と纏足の廃止が含まれていた。将来の国民＝子どもを教育するには、母に教育がなければいけないこと、国民を産み育てる女性の身体が不健康では強兵の国にならないと考えたのである。彼らは各地で「不纏足会」を設立し、会員は8歳以下の娘の纏足を解くこと、生まれてくる娘に纏足は行わないこと、生まれてくる息子を纏足の女性と結婚させないことにした。纏足廃止を唱えてはいても、纏足をしない女性の結婚を保障する必要があったのだ。ただし、一旦纏足した者が途中でそれを解く「放足」は、纏足の施術に勝るとも劣らぬ痛みを伴ったといわれる。

　中華民国になると、近代学校教育を受けた女性たち（多くは近代知識人の妹や娘）の間で、徐々に纏足が忌避されるようになる。これを後押ししたのは1910年代の五四新文化運動である。1915年発刊の雑誌『新青年』が契機となり、青年の間に興った中国社会の進歩を阻害する儒教や家族制度を廃絶して民主と科学の思想を導入しようとする新思潮は、日本の「対華二十一か条の要求」に反対する五四運動（1919）へと発展した。続く1920－1930年代はフェミニズム（第一波）が世界を席巻していた時期に相当し、中国語では「女権運動」または「婦人解放思想」という訳語が与えられ、これに関する言論が盛んになった。このとき、不纏足も、旧習の打破、自由恋愛、婚姻の自主権、女子教育、女性

参政権、女子相続権、廃娼問題とともに、女性解放の重要なテーマとなった。

　この時期、歴史学者の賈伸は、纏足の歴史を科学的態度で考証した『中華婦女纏足考』（1925）を発表し、その附録「昨今の天足運動およびその沿革」で、「わが中国の女性は、一千年もの間、纏足という惨刑を受け、これから種々の悪果が生まれた。労働に耐えられない、健康な子どもを産むことができない、ただ苦痛ばかりで、実際何の代価もなかったのだ」と述べている。また、「天足（不纏足）運動は徐々に成功の方向に向かっており、この運動を怠らない限り、数十年後には纏足女性は中華から根絶されているだろう」ともいう。

　纏足は中華人民共和国が成立した後、共産党によって大々的な宣伝活動が行われたこともあり、その風習は急速に衰え、絶滅した。ここに清末から始まった纏足廃止運動は終わりを告げ、女性抑圧の象徴であった纏足の撲滅は、中国における女性解放運動の大きな成果とみなされるようになったのである。

　これに対して、近年、欧米にこうした中国女性＝被抑圧者、纏足＝抑圧の象徴という見方に異を唱える研究が出てきた。中国系アメリカ人研究者のドロシー・コウ Dorothy Ko が2001年に出した Every Step a Lotus Shoes for Bound Feet である。日本語訳が2005年に『纏足の靴——小さな足の文化史』という書名で出版されている。ドロシー・コウのこの本には、柯基生のコレクションや出土した纏足の靴の写真が、詳しい解説とともにいくつも載せられている。それを見ると、女性たちが纏足の足をいかに小さく、かわいらしく見せようと腐心したか、どれほどの手間をかけて吉祥模様を刺繍したか、その創意工夫がよくわかる。

　ドロシー・コウはこの本の目的を序章で次のように述べている。

　　本書の目的は、纏足の起源と19世紀以前の普及の歴史を、
　　女性文化および物質文化の視点から明らかにし、より示唆に

富んだ新たな纏足像を提示することにある。「女性は美の被害者であった」とか「男性が小さな足を崇拝した」という一般的説明は間違っているわけではないが、あまりに単純すぎる。纏足が大変な身体的痛みを伴うことを理解した上でなお、私は纏足を意味のない異常な行為だとはみなさない。私の目的はそれを非難することではなく、言ってみれば彼女たちの靴に足を入れながら、纏足について説明することである。家庭生活、母性、手工芸に最高の道徳的価値をおく儒教文化のなかで生きた女性にとって、纏足はまことに理にかなった行為であった……
　　　　　　　　　　　　　　　（小野和子／小野啓子訳）

　また、本の最後の方で彼女は、「纏足」を批判の対象としてきたこれまでの紋切型のフェミニスト研究と訣別することを宣言している。

　長年、纏足と女性文化を研究してきた歴史家として、私は中立を宣言しない。纏足は愚かな破壊行為ではなく、女性自身の目から見て意味のある行為であったと私は信じる。本書を貫くこの立場から、私は壊された骨ではなく、纏足靴そのものに目を向けることになった。

　「女性文化」の視点から纏足を見るというのは、纏足を男性による強制ではなく、女性たちの主体的な文化として考察するということである。もうひとつの、「物質文化」の視点から纏足を見るとは、カルチュラル・スタディーズ Cultural studies の流れの中で出てきた物質文化研究 material culture studies のことである。物質文化研究は民俗研究から人文地理学まで幅広い分野で用いられているが、歴史学でいえば、これまで私たちが研究の対象としてきたのは言語化されたテキスト＝「文字として書かれたもの」に限られていたのに対し、非言語テキスト＝「モノ」を取り上げ

てそれを考察することで歴史学を再構築しようとする研究のことである。この背景には、「書かれたもの」に基づく研究は文字を持つ一部のインテリ層の文化の研究にすぎないという反省がある。物質文化研究は、文字化されなかった周縁の文化を「モノ」を通して再評価するという点で優位性を持つ。つまり纏足の靴というモノそのものを通し、これまで文字によって書かれてきた言説とは異なる歴史を見ようというのである。

　これまでの纏足研究は、纏足礼賛にせよ纏足反対にせよ、書かれたもの、言語化されたものを史料として構築されてきた。これらは、すべて文字を持つ識字層、つまり男性の言説を中心としたもので、その世界では、非識字であった女性は周縁に置かれていた。これは、女性のものである纏足さえ、それをめぐる言説は女性のものではなかったことを意味する。

　ドロシー・コウの纏足研究で、纏足の痛み（纏足の当事者だけでなく、それを自らの痛みとして感じることのできる私たち女の痛み）が癒えるわけではないが、周縁に置かれている女性に光を当てること、これまで無価値と思われていた女性文化が、社会を構成する重要な部分であることを論じたのは、近年のフェミニズム・ジェンダー研究の到達点のひとつだといえよう。

VII　フェミニズム／ジェンダーを考える

　前節では、纏足をめぐるフェミニズムのふたつの相反する考え方、つまり「女性抑圧の装置」もしくは「女性の主体文化」という考え方を紹介したが、フェミニズム理論・ジェンダー論は多様であり、単一の考え方を指すのでも、唯一無二の結論を導き出すものではないことは理解してもらえたであろうか。

　最後に、本書第一部第六章の「フェミニズム・ジェンダー理論とその展開」を振り返りながら、纏足を非文明としたのは西洋的

なフェミニズムだったこと、前近代の中国では大半の女性は文字を識らず、公的な言説に関与する機会が与えられていなかったことを踏まえて、次の問題を考えてほしい。

　纏足反対運動とは誰のための誰による運動だったのか？　纏足を隣国の「奇習」としてきたかつての日本に、一足先に近代化（西洋化）を成し遂げたという驕りはなかったか？　纏足が美の極致から恥ずべき悪習へと転落していった時期、いまさら元通りにはならぬ纏足の足をかかえた女性はどのような思いを抱いていたのだろうか？

　また、そもそも果たして、纏足の足はただ女性が男性に支配されるためだけに存在した淫靡な性の道具だったのだろうか？『金瓶梅』の潘金蓮のように、他人の慰み者としてしか生きるしかない階層の女性にとって、「三寸金蓮」の足が放つエロティシズムは生存のための唯一の「武器」ではなかったか？

　足のエロスを支配していたのはいったい誰だろう？「欲望」の主体は常に男性なのだろうか？『サンザシの樹の下で』の静秋は一夜をともにする覚悟で孫の元を訪れ、孫の差し出す洗面器に足を入れる。『芙蓉鎮』の胡玉音は明らかに桂桂の視線を意識しながら水しぶきの中で両足をこすりあわせている。『紅いコーリャン』の九児は余に触れさせるためわざとつま先を残したのではないか？　女たちは実は巧妙な「策略家」だったのではないか？それとも、スクリーンの中の女たちは、「男性」監督の「欲望」のまなざしを内在化させて表象しているにすぎないのか？

　フェミニズムやジェンダーを学ぶことは、これまでの歴史・文学・文化がいかに男性中心主義的な、家父長的な視点によるものであったかに気づく手掛かりになる。これまで身につけた知を一旦解体し、女性に、あるいは周縁に光を当てて、もういちど自らの手でそれを組み立て直してみると、思ってもみなかった別の知の世界が広がるはずだ。対象は文学でも映画でも、モノであってもいい。ぜひみなさんに挑戦してもらいたい。

文献案内

賈伸『中華婦女纏足考』, 北京幼慈幼院, 1925年(『中國婦女史論集』, 台北稲郷出版社, 1979年に復刻版あり)
岡本隆三『纏足物語』, 東方書店, 東方選書, 1986年
馮驥才『纏足』, 納村公子訳, 小学館文庫, 1999年
夏暁虹『纏足をほどいた女たち』, 清水賢一郎／星野幸代訳, 朝日選書, 1998年
東田雅博『纏足の発見』, 大修館書店あじあブックス, 2004年
高洪興『図説 纏足の歴史』, 鈴木博訳, 原書房, 2009年

＊ 文中の引用は次に拠った。
横光利一『上海』, 岩波文庫, 2008年改版
芥川龍之介「首の落ちた話」, 岩波文庫『蜘蛛の糸, 杜子春, トロッコ, 他十七篇』, 1990年
『金瓶梅』, 小野忍／千田九一訳, 平凡社, 1972年
ドロシー・コウ『纏足の靴──小さな足の文化史』, 小野和子／小野啓子訳, 平凡社, 2005年

おわりに、にかえて

ひとはなぜ愛にとらわれるか────恋愛という仕掛け────

　人間も生物である以上、原生動物と同じく自己保存と自己複製を行う有機物の構造体である。原生動物は個と類を分離させ、個を犠牲にしながら類を存続させる手法を編み出した。その犠牲になる個体の間に、「性」が組み込まれる。動物でも植物でも、これまで通り自らのコピーを残す個体と、それに協力して後は消滅していく個体に分業が成立したのだ。おそらく個体ごとに自己複製するよりも、冗長性を高めることでより確実な類全体の維持を図ったものであろうか。こうして個体は環境世界の情報を受信・処理して、自らの存続を確保するとともに、その環境世界の中での「異性」を特異な対象として受け止め、類の存続を図らねばならない。個体の維持である「食」と類の維持である「性」が、ときには同調し、ときには矛盾する課題になる。ただし人間以外の生物の場合、「食」と「性」に関する情報の受信と処理は、あくまでも環境世界と個体との間で完結する。人間が生物として特異なのは、環境世界とは別に強力な情報ネットワークとしての言語の世界を確立し、まるでインターネット上に置いた仮装の事務局のように「自我」というものを創設し、そこを中心にして自らの身体をも含めた環境世界からの情報すべてを処理しようとしたことである。

　マルクスは、人間の共同体意識は羊の群れの意識と変わるものではない、ただしそれは意識された群れ意識であると『ドイツ・イデ

オロギー』の中で言っている。やさしく言い直すと、羊たちは自分たちがコミュニケーションをしていることに自覚的ではない、しかし人間は自らのコミュニケーション行為に十分自覚的である、それ以上にコミュニケーション行為なくして自分たちが生きていけないことを痛いほど知っているのである。何かをするためにコミュニケーションをする状態から、コミュニケーションができなければ何もできない状態へ、この転倒が人間を人間たらしめているのである。

　人間は下半身は原生動物と同じところに置きながら、頭を言語という観念の雲の中に突っ込んでいる。われわれがネット上で見る映像も文字も、さらにその深層にある言語で書かれたものであるように、われわれの意識する世界も共同体の言語で書き込まれ描き出されている。心的存在として見られた人間は、自分の足下を見ることができない巨大なろくろ首のような脆弱で危険な構造体である。フロイトは、この構造の成立に「性」が密接に関わっていると言う洞察を展開した。

　ただひたすらわめいて母乳を要求するより、いったん欲求の表現を断念して、母と良好な関係を保つ方が有利であると判断したとき、人間は現実と言語を巡る「転倒」の第一歩に踏み出している。いったん採用された迂回戦術は、欲求が複雑になればなるほど迂回することに熱中する結果となり、本来何がほしかったのかがわからなくなる。このプロセスを突き動かしている動因が、本来は生物の類と個の生存戦略であった「性」ではないかとフロイトは考えた。

　人間はろくろ首のように、観念という雲めがけて首を伸ばしていく。そのときニンジンにように空からぶら下がっているものがある。それは「迂回戦術」に熱中するあまり、見失ってしまった「何か」の面影である。「何か」は人間が人間としての道を歩き始めた瞬間に忘却したものであるがゆえに、絶え間なく変幻しながら執念深く

つきまとう。我々は「何か」を持っている（ように見える）他者を好きになる。生物としての類の屋上に屋を架すように、個体の死を超えて存続する観念の世界を持ってしまった人間の、それが宿命なのである。「何か」は老いることも、変質することもない。それは最初に忘れ去られたまま、意識の死角に手つかずのままありつづける。そして目の前の他者を、その反射光で浮かび上がらせる。生物にあっては「生殖行為」は類と個の矛盾を一瞬融和させるものと言えるが、人間の性愛は自分自身にとって、観念と現実の矛盾を解消するきっかけを与えてくれるように思える。それは果てしない迂回の果てに、やっと原初の欲求の対象に巡り会うことである。

　だがおそらく人間とは、その果てしない迂回の別名にすぎないのだ。恋愛は世界を変える。それは人間の生きる世界が果てしない迂回がまき散らす像にほかならないのに、その原点を提示して、ゼロベースへの回帰を可能にしてくれるように思えるからだ。愛人の家から帰るボヴァリー夫人が「私は恋をしているんだわ」と叫ぶとき、ジョン・レノンが"Love"や"Oh my love"と歌うとき、彼らは世界が根底から揺すぶられていることを証言している。最近どう見ても美人とは言いがたい女性が、世紀末の「ファム・ファタル」まがいに次々と男を虜にして殺害したのではないかと言われる事件が発生した。おそらくこの女性は、ある種の男たちに「何か」を誇示するように見せつけることができたに違いない。そしてそれを見た男たちは、人生が変わったと信じたのである。

　だがその「何か」をわれわれは直接的に手に入れることはできない。魅力的なまなざしを放つ眼球をえぐり出しても、そこには肉片があるだけだ。われわれはその「何か」を見失わないために、その持ち主とのコミュニケーションを良好に維持するという迂回作戦を、またもや強いられるのである。そしてそのうちに迂回するのに懸命

になって、何を見たのか忘れてしまうのだ。こうしてエンマはシャルル・ボヴァリーを軽蔑するようになり、ドストエフスキーの『永遠の良人』のカップルは疲れ果てた夫婦となり、漱石の男女は激しい不倫の恋の末に、崖下の小さな家にひっそりと自らを罰するように暮らすようになる。

　12世紀の南仏で生まれた吟遊詩人たちが、身分違いの不倫の恋を至上とし、告白をタブーとして恋愛の純粋性を守ろうとしたことを想起しよう。

　その意味で言えば、「何か」が宿った他者とのコミュニケーションを無視して、「何か」のみを追求しようとしてストーカー行為に走る人間は、邪悪なまでに純粋である。彼らは全身全霊で、現存する世界を黄金に変えることのできる「哲学者の石」である「何か」を他者の存在から掘り起こそうとしている。おそらくそれは、彼らが誕生直後に経験した挫折の繰り返しなのである。かれらはどこかで「転倒」しそこねた存在なのだ。

　逆にこう言うこともできる。われわれはひとを好きになると、口をきけなくなったり、不自然に振る舞ったり、突然距離を置いたりする。そのときわれわれも最初の「転倒」を反復しているのである。「何か」を見出してそれを性急に求めて失敗した体験、おとなしく我慢しすぎて忘れられてしまった体験を、どこかで反芻しているのだ。

恋愛の彼方へ

　羊が交尾したところで、羊にとって新しい世界が開けるわけではない。しかし恋愛は必ず人生を変えるものである。

　世界を根底的に変える恋愛体験を、ロマン主義は究極にまで理論化したと言える。修道院の小部屋でロマン派の凡庸な恋愛小説を読

みふけったエンマは、世界を変えるものとしての恋愛体験の実在に賭ける。彼女は世界を変えるために、男に「何か」を見出そうとする。確かに恋の奇跡でもなければ、当時の女性ひとりの力で世界を変えることはできないのだ。彼女の恐るべき主体性は、まるで他者を受け入れたら負けであるかのように、「何か」を男に投影しつづける。借金漬けになって砒素自殺する不倫の人妻は、一方ではギリシャ悲劇の主人公のように神々と戦って敗北した英雄でもある。彼女は「何か」を求めて、それが宿る他者の存在を否認した。良好な関係を維持しようとする努力は、ことごとく「金銭」という解決策で処理されようとする。無能な善人、浅薄なエゴイストでしかない男の不可解さ、不条理さを受け入れれば、彼女はノルマンディの田舎の平凡な主婦として暮らすことができただろう。だがそれに彼女は何の意味を見出し得ただろうか。

　このエンマの人間像は、恋愛論にとどまるものではないようにも思える。フランス革命という世界を変える体験を伝承するフランスの知識人たちは、革命を再現しようとする。知識人たちは世界を変えるために「民衆」に「何か」を投影し続ける。目に一文字もない民衆は基本的に、昨日と変わらぬ平穏な生活を好み、目の前の利害に敏感で、悪い言い方をすれば小ずるく立ち回るものである。彼らが立ち上がるのは、そのささやかな安定が脅かされるからだ。知識人たちはその民衆を扇動し、幾たびも打ち破られながら、民衆という他者を受け入れることを拒否して流血の中で世界を変えようとしつづける。そこにはエンマとインテリの相同性が垣間見える。「フランスとは宗教だ」と喝破するミシュレのフランス史を読んだ後で、『感情教育』に描かれる「へたれ」な二月革命像を検討し、二月革命の直後急角度でユゴー嫌い、バロック的キリスト教の崇拝者に「転向」したボードレールのメモを見ていると、後にハンナ・アー

レントがフランス革命について下す評価がすでに明示されていることに気づく。「二月革命であれほど多くの血が流れたのは、ことばのせいだ」とボードレールは書いている。民衆の生活の中から出てくる欲求に対して、自らのプランを実現させることを優先させる知識人のために、死ななくてもよいひとが死んだ上に、ナポレオン三世登場という大失態となったことの原因を追求しようともしない進歩派への政治的批判と読んでよい。ミシュレなら、革命家を「不屈の闘士」、倒れた民衆を「殉教者」と呼ぶだろう。それならエンマも「恋愛」の「闘士」にして「殉教者」と呼ぶべきである。

　さらに悪のりして飛躍してみよう。筆者は一切フランスの精神分析用語（他者の言語、大文字の他者、対象 a など）を使わずに、精神分析について語ろうとしてきた。そうすると何かに似てくるのである。ハイデガーの『存在と時間』の存在と存在者を巡る構図だ。原生体としての人間を「存在」、観念に頭を突っ込んだ人間を「存在者」としてみる。その間には「存在忘却」という関係が成り立つ。空間化され、ひたすら継起する時間に生きている「存在者」は、「存在の呼び声」（これが「何か」）に耳を傾けることによって、自らの死を「先験的覚悟性」によって主体的に引き受けることにより、自分の世界を変え本来の生に立ち戻ることができる。ここで大きな声で言いたくなる、「なんだエンマと同じだ」と。『存在と時間』は恋愛論だったのだ。とんでもないことを言っているようだが、実はハイデガーと深い交際があった九鬼周造がそう読んでいたのではないかと思える節がある。恋愛とは主体的に取り組むものではなく、偶然出会った相手と偶然恋に落ちてしまうものなのである。そこではそれまでの淡々とした日常がお花畑になったり、平穏な夫婦生活が音を立てて崩れて陰惨な修羅場が繰り返されたりする。存在するものすべては偶然性の部分、つまり無を内包しているから、突然崩れ

て変わってしまうのである(『偶然論』)。もしもそこで生成と無の暴力的な反復を肯定しないならば、方途はひとつしかない。のめりこまずに「いき」な態度を守り続けることである(『「いき」の構造』)。こう見ると、江戸の粋人九鬼周造が、バイエルンの田舎者ハイデガーの恋愛観をたしなめた図と見えてくるのではないか。

　事実、ハイデガーは『存在と時間』を完成することができず、フライブルク大学の内紛による学長辞任と、それに続くレームの突撃隊の粛正をきっかけに沈黙してしまう。三島由紀夫が『わが友ヒットラー』で見事に描いているように、直情的なレームに対して、ヒットラーはブルジョワや国軍という「他者」の存在を受け入れて妥協するリアリズムを持っていた。それはエンマの後裔たるハイデガーの許容できるところではなかった。彼の「野暮な」恋愛の相手であるハンナ・アーレントが、革命概念や全体主義の起源について、ボードレールと似たような評価をしているのが興味深いところである。

　人間は何のために迂回作戦をとったのか。それは人間にならないためとしか言いようがない。母胎から切り離され距離が広がると、赤ん坊は言語の世界に移行することで一発逆転を狙う。仲良さそうに語らう父と母を横目で睨み、そうすればまた100%母胎と渾然一体となった世界に没入できると推論するのだ。豈図らんや、この未知の世界への決死の跳躍は、取り返しのつかないかたちで求めるものを見失わせる。それ以降、人間は目の前にちらつく「何か」に誘導されるように果てしない迂回を繰り返すようになる。

　宗教に、政治行動に、また芸術的な美に「何か」を見出すひともいる。人間の生み出す文化全体が、現状を変えようとする類としての人間の壮大な迂回の旅に組込まれているのである。しかしあなたがどんなすばらしい、あるいは無様な、惨憺たる恋愛をしようが、

それは歴史に蓄積されることはない。あなたにとっては世界が変わる事件であっても、他人には本当の意味で何の興味もない。恋する人間は滑稽であり、同時に悲劇的である。あなたは出会い頭に「何か」に魅惑され、振り回される。坂口安吾は一貫して、よき妻よりも悪妻、相思相愛よりも片思いや失恋の方が味わい深いと言いつづけた。この「味わい」も他人に伝わらない。なぜなら、生まれて間もないあなたが、母親に見放されたと思って孤独と絶望の淵でやけくそになってことばの世界に身投げした瞬間に、あなたは人間になったからだ。恋する者は孤独である。だが孤独の痛みにおいて、人間の普遍性につながっているのだ。つながったところで楽にはならないけどね。

索引

い
異性愛　037
異性愛主義　046　054
異性愛体制　049
逸脱　034　049　093　137

う
ウィメンズ・リブ運動　028
ウルストンクラフト, メアリ　028

え
S（エス）　073
LGBT　039

お
オークレー, アン　025
男遊び　033　034　037
男ことば　064
男らしさ　003　005　007　016　022　077　128
女遊び　032-034　037
女ことば　064
女社長　035
女らしさ　003　005　007　016　017　022　077

か
階級　029　071
ガイネーシス批評　060　061
ガイノ批評　059
格差　029

か
家父長制　021　068　133　137
家父長的社会　058　068

き
強制的異性愛　054　067
近代　088
近代家族　024　166　167
近代産業社会　023　026
近代社会　021-023　027　028

く
クィア　047　048
クィア批評　057　063　069
グージュ, オランプ・ド　027　028

け
ゲイ　039　047　054
結婚　050-052　067　073　098　126　140　146　149
言語資源　065　066

こ
恋　042-044　088　100　108　114　144　153　163　172　178
構築主義　008　065
公的空間　024

さ
サイボーグ　054

し

ジェンダー・アイデンティティ（性自認）　002　005　009　012-014　019　038　039
ジェンダー・イデオロギー　019
『ジェンダー・トラブル』　009
ジェンダー・バイアス　018
ジェンダー・バランス　018
ジェンダー批評　057　061　063
ジェンダー分離　025
ジェンダー理論　056　192
ジェンダー・ロール　014　038
私的空間　024
主婦　025　028　029
『主婦の誕生』　025
少女　072
少女小説　072-075
少女文化　072　075　077
少女マンガ　073-075
少年　072　075-077　165
少年文化　077
女学生　073
女学校　072　189
女色　036　037
女性作家　058　059　146
人権宣言　027

す

スコット, ジョーン・W　062
ステレオタイプ　016　017
ストーラー, ロバート　009

せ

性器　011　012
性規範　006　034
「生産」と「消費」　024
生殖　050　051　054　198
性的指向　012　037-039　046
性的マイノリティ　039
性的欲望　037　049
『青鞜』　028　089　096　099
性同一性障害　013　019
性別　002　005　007　008　011-013　016　024　032　046　063-065
性別役割分業　005　017　025
性役割　009　014
セクシュアリティ　005　033　034　063　067　170
セジウィック, イヴ　066-069
セックス(sex)　002　005　009　011　019　032　039
『セックスの発明』　011

た

第一波フェミニズム　028　189
『第二の性』　008　013　019　021
第二波フェミニズム　007　019　028　054
ダブルスタンダード　034　035
男色　036-038
男女の非対称性　037　062　076
男女別学システム　023　072

205　索引

男性学　062　076　077
男性性　076　077
男性中心主義　021　058　059
　　070
男性同性愛　036　048　067　074

と
同性愛　037　046　047　054
　　063　163　168
トランス・ジェンダー　019　039
トランス・セクシュアル　019

な
内助の功　029
内面化　008　015
中村桃子　065

に
二分法　013　021　168

は
バイ・セクシュアル　039
バトラー, ジュディス　009　014

ひ
BL（ボーイズ・ラブ）　073　074
　　118
平塚らいてう　028　097

ふ
フェミニスト批評　059　133

フェミニズム　070　134　135
　　192
フェミニズム運動　002　028　076
フェミニズム批評　057　061　075
フーコー, ミシェル　019　062
フリーダン, ベティ　029

ほ
ボーヴォワール, シモーヌ・ド　007
　　008　013　019　021
ポストコロニアル　070
ホモセクシュアル　067-069
ホモソーシャル　066-069　078
ホモフォビア　054　066-068
ポルノグラフィー　040　138
本質主義　008　061　065

ま
魔女　040　165
マネー, ジョン　009

み
ミレット, ケイト　019　059

む
無償労働　026　029

よ
欲望　038　048-050　053　069
　　088　095　115　144

ら
ラカー, トマス　011　012

り
リッチ, アドリエンヌ　054
良妻賢母　023　029
両性愛　037

れ
レズビアン　039　047　054
レズビアン連続体　054
恋愛　046　050-052　054　063
　　088　093　114　126　138
　　140　173　198

ろ
ロマンティック・ラヴ　050　051
　　132

わ
ワン・セックス・モデル　012

執筆者紹介

岡﨑真紀子　（おかざき・まきこ）
第二部：誰が恋をしているのか──和歌・ことば・主体──
─
専門研究分野：日本古典文学（主として和歌）
人間にとって考えることとは、言語を操ることにほかなりません。書くこと、読むこと、語ること。ことばの力を培ってください。

小山俊輔　（こやま・しゅんすけ）
おわりに、にかえて：ひとはなぜ愛にとらわれるか──恋愛という仕掛け──
─
専門研究分野：フランス文学／比較文学
山頂に寝転がって青空を見ていると、何かが見つめ返してくる気がすることがあります。恋愛とは、究極ではそういうことかもしれません。

鈴木広光　（すずき・ひろみつ）
第二部：自分の恋を語り、書くことをめぐる闘争
─
専門研究分野：言語文化史／印刷史と翻訳論
「人間力」「女子力」など「－力」のつく語が大キライです。多用するひとや組織の言語センスを疑う。あと「イクメン」もキライ。

髙岡尚子　（たかおか・なおこ）
第一部／第二部：「恋愛小説」は好きですか？
─
専門研究分野：フランス文学／ジェンダーと文学
「不自由」を知らないと、「自由」は理解できないものなのか、というようなことを考えています。恐れることなく、前に進むために。

中川千帆　（なかがわ・ちほ）
第二部：悪魔のようにハンサムな彼
─
専門研究分野：アメリカ文学／ゴシック小説
ひとりの人間が一生のうちに経験できることはわずかです。小説を読むことで、それを何倍にも増やし、想像力と創造力を養いましょう。

野村鮎子　（のむら・あゆこ）
第二部：中国の足をめぐるエロティシズムとフェミニズム
─
専門研究分野：中国文学／中国・台湾女性史
インターネットで何でも閲覧できる時代ですが、本物の漢籍に触れた時の背筋がぞくぞくする感じがたまりません。バーチャルな恋では味わえないこの身体感覚！

三野博司　（みの・ひろし）
第二部：美女と野獣、騎士と精霊
─
専門研究分野：フランス文学
大きく深呼吸をすると、きらきら光る銀色の精気が身体の隅々にまでしみ通り、知性の襞のひとつひとつが柔らかく開いて、目の前の世界がいっそう陰影を深めて語りかけてくる──「文学」に親しむとはたぶんそういうことなのだと思います。

吉田孝夫　（よしだ・たかお）
第二部：誰に恋をするのか──神話と生きる今──
─
専門研究分野：ドイツ文学／民衆文化論
生身の人間に恋することを自らに禁じて、はや十数年が経ちます。みなさん、どうぞすばらしい恋の相手を見つけてくださいね。

恋をする、とはどういうことか？
——ジェンダーから考える ことばと文学——
Politics and Poetics of Love ——Gender, Language and Literature——
Edited by Naoko Takaoka

発行　2014年4月14日　初版1刷
定価　1800円＋税

編者	ⓒ髙岡尚子
発行者	松本功
ブックデザイン	小川順子
イラスト	山本翠
印刷・製本所	株式会社 シナノ
発行所	株式会社 ひつじ書房

〒112-0011 東京都文京区千石2-1-2 大和ビル2F
Tel 03-5319-4916　Fax 03-5319-4917
郵便振替 00120-8-142852
toiawase@hituzi.co.jp　http://www.hituzi.co.jp/
ISBN 978-4-89476-694-5　C1090

造本には充分注意しておりますが、落丁・乱丁などがございましたら、小社かお買上げ書店にておとりかえいたします。
ご意見、ご感想など、小社までお寄せ下されば幸いです。